AF272076

Bibliografische Information der Deutschen Nationalbibliothek
Die Deutsche Nationalbibliothek verzeichnet diese Publikation
in der Deutschen Nationalbibliografie, detaillierte
bibliografische Daten sind im Internet über http.//dnb.dnb.de
abrufbar

Text und Bilder © 2023 by Rolf Gänsrich
Herstellung und Verlag: BoD – Books on Demand,
Norderstedt

ISBN: 9783757800727

Heutiboo ist fidiebumm

eine neue Zusammenstellung von relativ kurzen Texten aus allen Genres aus der Feder von Rolf Gänsrich, die zwischen dem 2. April und 31. Dezember 2022 entstanden und gewissermaßen die textliche Abrechnung für das Jahr 2022 sind

Inhalt

Vorwort

Das hier ist erstmals mehr oder weniger ein Jahres-abschluss. Hierhin ist alles textlich verwurschtet, was an Sende-Manuskripten ohne zeitlich begrenzte Aktualität anfiel, neue Kurzgeschichten und Gedichte, Arbeiten für eine Initiative im Mühlenkiez am Prenzlauer Berg, die ein paar Fakten von mir wollten und ein paar schon ältere Filmideen, einschließlich einer Grundidee für ein Theaterstück und es sind ein paar Gerichte aufgeführt, die ich im letzten Buch schlicht vergessen hatte.
... also wirklich einen bunteste Textmischung in diesem Buch ...

Hierin ist keine tagesaktuelle Satire, auch die Texte, die noch zu Romanen werden sollen, sind nicht erfasst, genau so wenig wie die Artikel für meine Zeitung. Die einzelnen Folgen meiner Serie "Filme die man mal gesehen haben sollte" und die derzeit bei rockradio läuft, werden ebenfalls gesondert gesammelt und zu einem weiteren Buch verarbeitet werden.

Künftig soll es jährlich solche Zusammenstellungen geben.
Und wie in all meinen Büchern am Anfang der Hinweis: es gibt drei Rechtschreibungen, die alte, die neue und meine.
Außerdem braucht manch Text noch eine einführende Erläuterung (in Kursiv erkennbar). Die Erstelldaten und möglichen Sendedaten sind gleichfalls wie immer aufgeführt.

Die Texte sind alle ausnahmslos von mir selbst und durch die VG-Wort mit copyright geschützten.

Rolf Gänsrich am 28.11.2022 + 1.1.2023
Nachschliff aller Texte bis 8.1.2023

Ein Kollege von Rockradio.de hat sich am Wochenende von was stechen lassen und liegt nun im Krankenhaus. Ha-ha ... in meiner Jugend hab ich ja die Bienchen immer gestochen!

*

Wie man ein Buch veröffentlicht – Ausgestrahlt am 2. April 2022 bei rockradio

Mein nächstes Buch, "Frische Schnecken", ist gerade im Geburtskanal. 100 Seiten, die erste Hälfte sind so die Gerichte, die ich koche und ein paar Haushaltstipps für Leute mit schmalem Geldbeutel wie ich, die andere Hälfte sind die Texte der 10. Staffel Stammtisch, dann die der 11. Staffel, die noch nicht mal aufgenommen sind, in den letzten zwei Jahren geschriebene Kurzgeschichten und Gedichte, dann die Edelsteinchen aus den Moderationen hier bei alex-berlin und drei Texte, die nur bei Rockradio gelaufen sind und am Ende noch eine E-Mail von mir, in der ich einem Leser der Zeitung, für die ich schreibe, zum Thema des einst entmilitarisierten Status Berlins, dessen Auslegung ich ja selbst erlebt hab, erläutere.

Weil es ja zum Größtenteil ein Kochbuch ist, hatte ich zuerst den Namen "Resteküche 1" im Sinn. Aber Resteküche hört sich so gebraucht, so unlecker und wenig appetitlich an. Dann schnappte ich letzte Woche vor einem Supermarkt den Satz auf, Zitat:

"Wir müssen alle für den Frieden ficken."

Aber, fickende Fische, so heißt schon ein deutscher Spielfilm aus dem Jahr 2002. Also dachte ich an fickende Frösche, weil man ja überall gerade Krötenzäune in der Botanik sieht. Aber mich nun für ein Coverfoto für das Buch mit dem Handy an einem Lurchzaun auf die Lauer legen und darauf warten, dass die Lurche es tun, wollte ich auch nicht.

Nächste Idee: Fickende Schnecken ... Hab ja ein Terrarium voller Achatschnecken, die sich ständig vermehren.

Aber den Titel Fickende Schnecken könnte man auch missverstehen und so ist daraus letztendlich "Frische Schnecken" geworden und auf dem Buch ist ein Bild, das ich kurz nach der morgendlichen Fütterung der Tierchen gemacht hab.

Mehr Infos dazu dann bald auf meiner Webseite!

Ein weiteres Buch ist fast fertig ist Teil 1 und Teil 2 einer Pentalogie, die sich um Zeitreisen dreht.

Es gibt verschiedene Arten der Buchveröffentlichung. Falls Ihr nicht gerade schon einen großen Namen und einen Bestseller veröffentlicht habt, reißen sich die Verlage nicht gerade um Euch.

Ein Weg ist, ein Exposee samt Skript an die Verlage zu schicken.

Falls ihr überhaupt von jemandem eine Antwort erhaltet, dann wird man euch vorschlagen, entweder die komplette erste Auflage zu kaufen ... das kostet zwischen dreieinhalb und fünftausend Euro oder falls ihr diese Kohle nicht habt, bietet man euch einen Job in dem Verlag an, der auf Erfolgsbasis honoriert wird. Dabei bekommt ihr letztlich einen Teil der Marge, des Buches, an dem ihr als Lektor oder so mitgearbeitet habt. Dazu gibt man euch das Versprechen, dass sich der Verlag "eventuell, ... in einem Jahr ... vielleicht ... " mal euer eigenes Buchprojekt anschaut.

In beiden Fällen seid ihr aber die Rechte an euren Texten los, weil die nun beim Verlag liegen und der Verlag entscheidet, ob es möglicher Weise eine zweite Auflage gibt oder nicht, welche Vertriebswege er nutzt, wie er euer Buch bewirbt und der Verlag verpflichtet euch zu Lesereisen auf eure eigenen Kosten.

Die Veröffentlichungsweise, die ich bevorzuge ist das Selfpublishing. Da gibt's ja auch verschiedene Verlage. Der, den ich mir ausgesucht habe, bietet so eine Art Baukasten an. Ihr könnt nur für euch ein Exemplar drucken lassen, oder ihr kauft nur eine ISBN und macht alles andere selbst, ihr könnt euch einen Lektor dazu kaufen oder einen Covergestalter oder beides und noch viel mehr, preislich gibt's da nach oben kaum Grenzen.

Ich kaufe nur die ISBN samt Strichcode, muss dafür aber die Rechtschreibkorrektur selbst machen. Das geht mit einem ordentlichen Rechtschreibprogramm.

Ihr müsst wissen, wie groß das Buch, also welches Format, es haben soll und dann müsst ihr und da hab ich ein wenig Wissen aus meinem Schreiben für die Zeitung mir abgeschaut, ihr müsst den Text optisch ansprechbar machen. Wenn zum Beispiel drei Zeilen untereinander in dem Buch mit dem Wort "Spargel" beginnen, sollte man das ändern. Ganze Seiten ohne Absatz sehen auch doof aus, wie 'ne Bleimauer ... nur mal als Beispiel.

Auch für das Buchcover nehme ich die kostenlose Baukastenvariante und probiere schlicht aus, was man damit machen kann.

Der Vorteil ist: die Rechte am Text bleiben bei mir. Exemplare werden erst gedruckt, wenn welche bestellt sind, daher gibt's da keine Auflagenhöhen. Der Nachteil dabei ist, dass die Bücher in Druckform für den Leser etwas teurer sind, als bei anderen Büchern.

Noch ein Vorteil ist, dass der Verlag dafür sorgt, dass das Buch auch bei Kindle und in allen anderen E-Book-Formen verfügbar ist und sogar weltweit lieferbar ist. Allerdings muss ich mich um die Werbung für meine Bücher selbst kümmern.

Ich allein lege übrigens auch meine Marge und den Endpreis auf der Basis für die Verlagskosten fest. Im allgemeinen ist ein E-Book für den Leser um ein Drittel billiger, als die Papierversion und die Marge ist dabei für mich trotzdem doppelt so hoch.

Aber ... reich werdet ihr dabei nicht! - Im Netz erfahrt ihr mehr!

Wie mache ich das nun?

Manchmal hab ich fertiges Zeugs schon da, ... zum Beispiel die Kurzgeschichten und Gedichte. Man könnte die in einem Spannungsbogen zusammenfügen, so dass man eine Dramaturgie hat. Oder man geht nach Schreibdatum. Ich ordne die kleinen Texte oft auch nach dem Alphabet ihrer Titel.

Ich habe ja auch einen Teil meiner Okbeat-Manuskripte zusammen gestellt. Da geht es dann nach den Ausgabennummern der Sendung. Aber da ist eben auch nicht alles drin, denn manchmal erzähle ich hier im OKbeat ja auch blanken Unfug am Anfang und Ende der Sendung. Da ich jedes Sendemanuskript seit vierzehn Jahren abgespeichert hab, war da auch viel tagesaktuelles Zeugs bei, das heute seine Bedeutung verloren hat. Also meine Radio-Anthologie zusammen zu stellen, war schon ein gehöriger Batzen Arbeit und vor allem Aussortieren.

Ich will auch mal meine ganzen Texte aus der Zeitung, sofern ich sie noch auf dem Rechner hab, zusammenstellen. ... vielleicht im nächsten Jahr.

Arbeitsschritte bei der Bucherstellung:
1. Texte erstmal in einem A4 Dokument zusammenfließen lassen oder dort zunächst einmal den Roman schreiben
2. die Texte auf Lesbarkeit untersuchen und notfalls geringfügig anpassen, was ja bei einem Gedicht nicht unbedingt erstrebenswert ist

3. das Ganze bereits an dieser Stelle ins Buchformat, das ist bei mir kleiner als A5, umformatieren. Das ist für die Rechtschreibkorrektur leichter zu lesen, weil die Zeilen nicht so lang sind, und um später mal den teuren Rohstoff Papier zu sparen gehe ich beim Buch von der Schriftgröße 12 auf 11 oder gar 10,5 herunter

4. nun die Rechtschreibkorrektur ... da ich ein altes Apache-Open Office auf meinem Arbeits-Rechner benutze und dieser PC überwiegend aus französischen Bauelementen besteht, denkt mein Arbeits-PC, er ist ein kleiner Franzose und zeigt mir grundsätzlich jedes deutsche Wort, auch wenn ich im Rechtschreibprogramm als Sprache Deutsch einstelle, als falsch geschrieben an. Deshalb zieh ich mir den Buchtext jetzt auf einen USB-Stick und gehe damit an meinen alten Senderechner. Der hat aber nur ein Windows 98 und das heißt, er zeigt mir keine neue deutsche Rechtschreibung an und Mundartliche Texte, wie zum Beispiel den Stammtisch oder berlinische Texte, kann er auch nicht. Deshalb sind meine Bücher weder in der alten, noch in der neuen, aktuellen, sondern in meiner Art der Rechtschreibung veröffentlicht.

5. Nun erst kaufe ich beim Verlag die ISBN und sehe nach, was da noch ins Buch hinein

gehört. Auf Seite 4 muss immer die Verlagsinformation und das Copyright ... von mir ... hinein. Auf Seite 5 vielleicht nochmal der Buchtitel, auf Seite 7 eventuell ein Inhalts- und Seitenverzeichnis, auf Seite 9 ein Vorwort, falls ihr eins habt, und auf Seite 11, die ungerade Zahl ist beim aufgeschlagenen Buch immer die rechte Buchseite, beginnt ihr mit dem Text.

6. Nun lasst ihr automatisch über das Office-Programm Seitenzahlen einfügen

7. Erst jetzt macht ihr den Text optisch lesbar, baut unter Umständen noch Absätze ein oder fügt Überschriften ein oder so.

8. Vorsicht beim letzten Korrekturlesen ... alles was man jetzt noch am Text ändert, ähnelt einer Operation am offenen Herzen. Fügt ihr oben beim letzten Korrekturlesen, nochmal irgendwo ein Wort ein oder lasst eines weg, kann euch das die gesamte Formatierung des Buches durcheinander bringen

9. ist das alles Fertig, schickt ihr das beim Verlag als PDF hoch ... von nun an liegt euer Buch in Gottes Hand.

*

Kurzgeschichten – Ausstrahlung 2. April 2022
Kurzgeschichten, die ihr auf Lesebühnen vortragen wollt, sollten möglichst nicht länger als zwei A4-Seiten sein, sonst langweilt ihr die Hörer. Meine langen Texte hier im OKbeat, zum Beispiel heute, sind bis auf eine

Ausnahme, nicht länger als eine knappe Seite.

Das, was ich da in dieser Zeitung jeden Monat veröffentliche, ist etwa genau so lang, etwa eine dreiviertel Seite.

Bei diesem ganzen kurzen Zeugs von mir, ist es dann ganz schön, wenn ich dann und wann mal einen Roman schreiben kann, in dem man blumig Gegenden und Gefühle beschreiben, Ereignisse in aller Ausführlichkeit schildern, wunderbare, wie diesen hier, nicht enden wollende Schachtelsätze bauen oder philosophische Streitgespräche führen kann, einschließlich vieler spannungsgeladener Elemente, ein wenig Krimi, einer Prise Erotik oder sogar Sex, ein paar eigener Lebensweisheiten und einer kleinen Portion Politik, die man heimlich untermogelt.

Mir geht es so, ich hab dann oft eine wunderbare Idee für einen Plot, schreibe daran intensiv drei volle Tage lang und lasse den Text dann zehn Jahre lang liegen.

Mein historischer Abenteuerroman ist so entstanden. Die ersten zwanzig Seiten waren fertig erstellt, dann hab ich ihn naja, sechs Jahre liegen gelassen und vor zwei Jahren die ersten beiden schon veröffentlichten Teile der Trilogie geschrieben. An den letzten dritten Teil, von dem vor zwei Jahren schon die ersten zehn Seiten fertig geworden sind, will ich am Ende des Jahres endlich ran.

Derzeit liegt ja ein Zeitreiseroman bei mir im Geburtskanal. Von dieser Pentalogie, also nicht

Trilogie mit drei Teilen, sondern fünf Teile, die aber als drei Bände insgesamt erscheinen sollen, sitze ich gerade am ersten Band mit den ersten beiden Teilen in der Textkorrektur im Buchformat. Nachdem ich die Hälfte des Textes nachgeschliffen hab, ist der Roman schon von 279 auf 284 Seiten gewachsen. Teils liegt es an ungenauen Formulierungen … bin ja auch Journalist und manchmal muss ich da wissenschaftliche oder historische Fakten nochmal nachschauen oder Quellen verifizieren … teils aber auch am schlechten Schreibstil in der Entstehungsphase. Aber an diesem Roman saß ich jetzt ein Jahr lang, seit April 2021 und da hab ich zum Ende hin dann auch schon mal vergessen, was ich am vorne geschrieben hab. Das ist jetzt dieser Grobschliff. Danach dann, siehe vorhin, die Rechtschreibkorrektur und so weiter.

Teil 3 + 4 hab ich schon im Kopf und will sie beginnen, wenn das Buch jetzt in die Veröffentlichung geht.
Teil 5 soll ein eigener Band werden, davon liegen aber seit etwa zwölf Jahren die ersten zwanzig A4-Seiten bereits fertig vor und das soll dann nächstes Jahr nach dem 3. Teil des historischen Romans komplettiert werden, falls ich mich nicht entschließe, vorher noch Zeugs, was schon da ist, wie diese Zeitungstexte, dazwischen zu schieben.

Jeder Autor geht an so einen Text anders heran. Bei Juliane Beer weiß ich, dass die ihren Text schon fix und fertig im Kopf hat, bevor sie ans schreiben geht. Da sind alle Handlungsstränge schon klar, einschließlich dessen, wie der Spannungsbogen aufgebaut ist oder auch die Menge der Ingredienzien an Sex, Love and Crime.

Ich glaube, dass ich Spannungsbögen nur hier im Radio bauen kann, alles andere ist Intuition. Bei mir laufen die Romane etwas chaotischer. Also die Autobiografien, ... Sommer zwischen Backhaus und See, mein geheimes NVA Tagebuch, Kaufhallen-Hunde-Radiogeschichten, da war vorher klar, wo es beginnt und wie es endet, denn da brauchte ich nur meine eigenen Erinnerungen aus dem Gedächtnis abzuschreiben.

Bei den fiktiven Romanen ist das bei mir anders. Da hab ich einen Ausgangspunkt, ich weiß aber nicht, wo genau der Wind des Schreibens mich so hin bläst. Also bei dem historischen Roman, der dritte Teil soll in Berlin enden. Die Pentalogie soll auch in Berlin enden. Beide beginnen ja auch in Berlin, führen aber jeweils weit weg und das was dazwischen liegt, das ist mir oft unklar.

Meinen handelnden Figuren gebe ich ein gewisses Eigenleben und lasse die Charaktere in ihren Rahmen agieren. Ganz gegen die heutige politische Zeit entsprechend ist mein Hauptprotagonist icke, als weißer Mann, mit all meinen Fehlern und komischen

Ansichten. Aber versetze ich mich in diese anderen Zeiten, in diese anderen Gegenden und schaue, wie ich da nun reagiere. Und vor allem, wie agieren die anderen Personen in dem Roman mit mir.

Dabei lockere ich immer mal die Zügel und lasse, um beim Pferdefuhrwerk zu bleiben, die Biester vorne einfach loofen und kieke wat passiert.

Passiert ist bei dem historischen Roman ein ganz neuer Handlungsstrang und bei dem aktuellen, dass das Ding so unglaublich lang geworden ist und nochmals länger wird, dass dabei eine zweite Hauptperson aufgenommen wurde und ich mal schaue, wie die jetzt beide mit einander umgehen. Ich lasse mich da selber überraschen.

Schwer ist es, wenn man so einen Text längere Zeit liegen gelassen hat, da wieder hinein zu kommen.

Spannend ist es für mich als Schreiber, mir da jedes mal ganz neue Realitäten zu schaffen. Allerdings geht man dann Nachts auch mit diesem, seinem selber neu erschaffenen Universum gemeinsam ins Bett oder schleppt es tagsüber mit, wenn man nicht daran schreiben kann, weil man zum Beispiel ein Radiomanuskript verfasst.

Aber mich reizt es eben, Dinge zu entdecken und zu erleben, die ich schon immer mal erleben wollte.

... und da ist zum Beispiel ein Freizeitpark oder eine Erlebnis-Sauna nur noch eine sehr öde Angelegenheit für mich. ...

*

18

aus Pommes rot weiß und OKbeat

Angeblich klauen russische Soldaten im Auftrag ihrer Regierung landwirtschaftliche Maschinen in der Ukraine ... so quasi als Wiedergutmachung dafür, dass sich die Ukraine gegen die russischen Truppen wehrt.
Also früher im wilden Westen wurden Pferdediebe einfach gehängt. Heute sind wir ja zivilisierter und werden vermutlich mit Twitter auf russische Soldaten schießen.

*

Moderne schwere deutsche Waffen in die Ukraine zu liefern geht aus mehreren Gründen nicht.

1. man hat dort kyrillische Buchstaben und keine lateinischen ... also müssten die Ukrainer erstmal die lateinischen Buchstaben und dann die deutsche Sprache lernen
2. ein Panzer ist kein VW-Golf ... Panzer fahren muss man erst erlernen ... dazu braucht man vor allem Zeit
3. bei einer schweren Waffe ist es nicht damit getan, einfach nur über Kimme und Korn zu zielen, da man den Gegner höchst selten noch persönlich sieht
4. eine Panzersoftware ist kein Windows 10

Mal ganz praktisch gesprochen: nach einem halben Jahr Grundausbildung an einer schweren Waffe, kann man gerade so halbwegs mit dieser Waffe umgehen.
Man braucht mindestens ein Jahr, um als Soldat eine

Waffe zu beherrschen. Um sie wie im Fall der Ukraine auch noch im Kriegsfall zu beherrschen braucht man Drill, Drill, Drill, so dass man, wenn man selbst unter Beschuss steht, nicht mehr überlegen muss, was man da gerade tut, sondern nur noch mechanisch handelt.

Das heißt: wenn wir moderne, schwere Waffen in die Ukraine schicken wollen, dann müssten wir auch die Ausbilder dazu mit in die Ukraine schicken ... oder wir müssten ukrainische Soldaten auf den Truppenübungsplätzen hier in Deutschland daran ausbilden ... und genau in dem Moment würden wir uns als Kriegspartei dort mit einmischen und wir wären mitten im 3. Weltkrieg.

Außerdem ist natürlich die Frage: was passiert, wenn moderne deutsche Waffen durch Russland erbeutet werden? Dann braucht Russland nicht mal mehr Hacker oder Industriespionage, um an die Eckdaten dieser Waffensysteme heran zu kommen.
Also entweder sind die, die wie Anton Hofreiter, Marie-Agnes Strack-Zimmermann oder die CDU jetzt nach schweren Waffen für die Ukraine bläken, einfach nur doof oder sie haben keine Ahnung von der Ausbildung von Soldaten.
Letzteres nehme ich einfach mal an!

Bedenklich finde ich aber, dass selbst der ukrainische Präsident Wolodomyr Selenski offenbar auch keine Ahnung von der Ausbildung eines Soldaten hat.

Um es nochmal auf den Punkt zu bringen: ein moderner Panzer ist kein 45-er Colt Peacemaker aus einem 50er Jahre Western!

*

Also dass es bereits im April Erdbeeren gibt, das kommt mir schon sehr spanisch vor!

*

Hertha will sich jetzt endlich ein neues Stadion bauen! Also wenn die alte Dame so weiter macht, braucht sie ab der Saison 2024/25 nur noch'n Bolzplatz auf einem Weddinger Hinterhof.

*

Bin jetzt auf der Suche nach einem ordentlichen Apfelkorn. Ja, mein Hausarzt hat gestern gesagt, ich soll mehr Getreideprodukte und Obst zu mir nehmen!

*

Keine acht Monate mehr bis Weihnachten und es gibt schon jetzt keine Lebkuchen, Schokohohlkörper, Jahresendflügelpuppen und Marzipanbrote mehr im Einzelhandel! Was soll das erst zum Fest werden!

*

Also es ist ja sehr schön, dass man jetzt die Erwerbsminderungsrente saftig erhöht, wer aber wie ich weiterhin nur Grundsicherung bekommt, für den ist es ein Nullsummenspiel.
Das was man mir an Erwerbsminderungsrente mehr ausbezahlt, bekomme ich an Arbeitslosengeld-II weniger!
... Das finde ich nicht lustig!

*

der Ehering – aus OKbeat

Ich bin ja nun nicht verheiratet und hab keine Kinder, deshalb verstehe ich so gewisse Dinge oft nicht.

Also ich verstehe zum Beispiel nicht denn Sinn eines Eherings, außer vielleicht noch als Relikt aus einer Zeit, in der Sie darauf angewiesen war, irgendwen zu ehelichen und sich damit an ihn zu ketten oder ihn an sich zu ketten, damit sie und die Kinder ... nun ja ... versorgt ... sind. Welchen Sinn macht heute der Ehering, wo beide gleichberechtigt sind und beide Kohle verdienen.

Szene:
Klaus ist mit Tina, Sabine ist mit Micha verheiratet. Klaus und Sabine, die also jeweils mit jemand anderem verheiratet sind, treffen sich zufällig am Buttermilchregal im Supermarkt und flirten kurz miteinander. Man kann ja auch mal wo ganz unverfänglich flirten. Flirten macht ja auch mal Spaß!

... Drama!!! ... vollkommen unverhofft ... beim Griff zum Buttermilchbecher sieht er, ... urplötzlich ... seine rechte Hand und daran prangt ... wie durch ein Wunder ... auf einmal ... der Ehering an seinem Ringfinger, der ihn daran erinnert, dass Klaus ja mit Tina verheiratet ist und hier gerade fremd geflirtet hat.

Im selben Moment ... noch 'n Drama!!! ... sieht sie sich ihren Einkaufszettel an, den sie in der rechten Hand trägt, denn sie ist Linkshänderin ... und ... Trommelwirbel ... auch am Ringfinger ihrer rechten Hand hängt ein Ehering. Oh je ... und das wo sie gerade fremd geflirtet hat, weil sie ja mit Micha verheiratet ist.

Beide, Sabine und Klaus, schauen nun noch einmal auf ihre eigenen Ringfinger. ... Es stimmt tatsächlich. Sie sind beide verheiratet, Klaus mit Tina und Sabine mit Micha. Beide senken ihr Haupt und gehen wortlos fort von einander, er in die rechte Richtung, sie in die linke Richtung. ... Sie werden beide nie wieder miteinander flirten.
... Das Drama geht zu Ende! ... ta-ta-ta-taaa

*

Alt - *geschrieben am 30.4.2022*

Es wird schon schwer, wirst du erst alt.
Es bleibt dann oft die Küche kalt.

Die Haare wachsen aus den Ohren,
der Zahnarzt wird nun öfter bohren,

Du bist, wie die Kinder um dich rum,
manchmal wirklich ganz schön dumm,
du kannst auch etwas schlechter hören
und keine Frau mehr leicht betören.

Täglich ein neues Zipperlein,
mal piekts im Bauch, mal in 'nem Bein
und husten musst du morgens sehr,
das Aufstehen fällt dir auch recht schwer.

Mal sticht was hier, mal schabt was dort,
die Zähne sind zum Teil schon fort.
Die jungen Frauen werden immer schöner,
statt an Sex, denkst du jetzt oft an Döner.

Du möchtest zwar mit Tina bocken
jedoch du könntest das dann nicht mehr rocken.

Und während sie schwindet, deine Manneskraft,
stehen junge Frauen gut im Saft.
'Ne Hexe schießt dir in den Rücken,
du kannst dich plötzlich nicht mehr bücken.

Mit über sechzig bist du'n Mann,
der Vieles dann schon nicht mehr kann.
Man ist ein Überlebender
und fühlt sich immer elender.

Die meisten Freunde ruhn im Rasen,
auf dem jetzt wohl die Schafe grasen.
Die Midlive-Crisis ist vorbei,
die jungen Frau'n werden dir einerlei.

So kommt das eine zu dem andern,
du wirst schon müd vom kleinen wandern,
das Nachts da schläfst du sehr schlecht ein,
am Tag willst du im Bettchen sein.

Das Rindfleisch schmeckt bereits wie Huhn,
was kann man dagegen jetzt tun?
Die Augen sehen immer schlechter,
die eig'ne Gesinnung die wird rechter.

Man hat die Schnauze langsam voll
und fragt sich, was das alles soll.

Gebt mir ein schönes, warmes Feuer,
ein Essen, das nicht all zu teuer
Dazu ein schönes, warmes Bett
und ein paar Freunde, die sehr nett.

So kannst du alt dann richtig werden,
mit all seinen Beschwerden.

*

Cinderella *– geschrieben am 4.5.2022*

Cinderella all too tuch,
Claraballa is to much,
Willie-Wally all me too
wippel, wappel Känguru

Feuerböhnchen Zimpi Zamp,
Riesenqalle allways krank
Rikki Rampi Ruckedoo
zickel, zackel immerzu

Rolly Knollie zikk zack ab
schnöllie Föllie ist auf trapp
Rumpel Pumpel vöö die döö
flötet es auf einem Zöö

Wickelwackel Claraballa
heuti deuti Cinderella,
kapriziöse überdööns
fighte strong all that she kööns.

Handy, Andy, Zuckerfee
mühig maut der rote Klee
Siebelschrammel blöd und krumm
Heutibuu ist fidiebumm

Am Wochenende ist wieder Eurovision Song Contest ... und sie werden wie jedes Jahr mehr Knallzeugs in die Luft blasen, als die Ukraine seit Kriegsbeginn, sie werden kleine, intime Bands mit weiten Kameraschwenks unbedeutend erscheinen lassen, es wird interessante Kostüme und schon tausend mal gesehene Choreografien geben, aber natürlich hat kein einziger Interpret eine natürlich große Stimme und sie haben alle eine Ausstrahlung wie ein Feudel ... einfach bescheuert ... und hinterher wird sich das deutsche Publikum wie in jedem Jahr darüber wundern, warum wir auch in diesem Jahr nur den letzten oder vorletzten Platz bekommen haben und die Manager der Musikindustrie freuen sich darüber, dass sie europaweit ihre Ladenhüter losgeworden sind. Aber um die Musik an sich gehts ja beim ESC schon lange nicht mehr!

*

Herzlich willkommen im Jobcenter
geschrieben am 6./9.5.2022

A) Herzlich willkommen im Jobcenter, Herr Hungerlundt. Ihr Fallmanager hat sie mir extra zugeteilt, weil er, sie, es dachte, sie könnten, ... nun ja ... etwas Aufmunterung unsererseits gebrauchen, denn immerhin liegen sie dem Steuerzahler schon seit einem ganzen Quartal auf der Tasche. Was ist ihre Entschuldigung?

B) Wieso, ich zahle doch Steuern, Mehrwertsteuer, Salzsteuer, Telekommunikationssteuer, Vergnügungssteuer, Alkoholsteuer ...

A)... Alkoholsteuer! Da haben wir es ... Vergnügen und Alkohol stehen ihnen ja gar nicht zu in ihrem derzeitigen sozialen Status!
B) Sagen sie bitte, wo bin ich hier eigentlich?

A) Herzlich willkommen im Jobcenter ... sie sind jetzt in der Abteilung für Konfusion, Irritation, Subordination, Kastration und Kernfusion. Bitte was ist ihre Ausrede?
B) Welche Ausrede?
A) Na dass sie nicht arbeiten wollen?
B) Ich bin etwas irritiert!

A) ... wir auch! Und zwar von ihnen! Warum haben sie sich denn noch nicht bei den schmucken Jungs der Bundeswehr gemeldet. Man würde gerade sie doch dort mit Kusshand nehmen. Wenn sie mit ihrem breiten Kreuz nicht gerade feindliche Panzer eindellen, könnten sie zum Beispiel als bunte Granate gehen. Oder sie bewerben sich bei der Lufthansa als gelbes U-Boot. Das kann doch nun wirklich jeder. Also, warum liegen sie **mir** auf der Tasche?
B) Also dass ich darauf noch nicht gekommen bin! Aber die Bundeswehr würde mich zum Beispiel nicht nehmen, ich bin Flatulenzer und U-Boot kann ich auch nicht fahren, ich hab nämlich eine Angststörung vor dem Weißen Hai.

A) Nunja, da haben sie ja zu einem Teil schon recht, Giftgase sind von der UN-Menschenrechtskonvention ja schon verboten und der Weiße Hai ist ja immer solo bissig! ... Na was halten sie denn dann von der Marine? Ein Tiefflieger sind sie ja nun schon!
B) Darf ich ihnen jetzt mal die Füße küssen, das ist ja die ...

A) Nein, nein, die Füße noch nicht! Aber sie haben vorhin beim Eintreten meinen Handkuss vergessen! Wann gedenken sie den nachzuholen? Anschließend können sie mir immer noch die Füße küssen. Und nun weiter mit ihnen. Haben sie schon mal daran gedacht, Deutschland zu verlassen und ins Ausland zu gehen? Der deutsche Steuerzahler wäre sie los und sie würden was von der Welt sehen. Ich habe hier ein Stellenangebot aus ... warten sie mal ... also das ist ein Angebot aus Nordschweden! Sie können in Lappland Lappen waschen und Fußlappen kochen.

B) Also den alten Schweden rauche ich lieber in der Pfeife und Fußlappen kenne ich als Umschreibung für Kohlroulade! Hat das was mit dem Shanti "Rolling home" zu tun?

A) Nein, die skandinavischen Länder haben ja noch nicht mal was mit der E.U. zu tun, Wie kommen sie denn dann auf Shanties. Weil England auch nicht mehr in der E.U. ist? Na, auf jeden Fall wären **sie**, wenn sie Lappen in Lappland kochen würden, nicht mehr in der E.U. ... und wir brauchten ihnen dann im Falle von Arbeitslosigkeit in Lappland keine E.U.-Lappen mehr zu überweisen. Und wenn sie dann noch aus den Abfällen der Lappen schwarz Schnaps brennen und sich dabei erwischen lassen, haben sie bis ans Lebensende ausgesorgt.

B) Das ist ja nicht mehr normal! Das ist ja zum Mäuse melken hier!

A) Ach, sie wollen sich als Melker selbständig machen? Oder lieber als Besamer in der Karnickelzucht? Ist ganz einfach: Böckchen auf die Zippe auflegen, zupp-zupp ab. Und schon greift man sich das nächste Böckchen.

B) Also haben sie hier nicht so ganz normale Jobs im Angebot? Ich dachte so an Rasenmäher, Kiessieber, Müller-

Meier, Vogelscheuche oder einen Job bei der Presse, entweder bei der Müllpresse bei der BSR oder an der Saftpresse in einer Mosterei.

A) Da muss ich sie jetzt aber enttäuschen! Richtige Jobs haben wir hier im Jobcenter überhaupt nicht. Ich glaube, ich kann heute überhaupt nichts für sie tun! Ich vermittle sie jetzt mal an die Vermittlungsabteilung weiter, aber ein Mensch mit ihren Unfähigkeiten, also da glaube ich, wir zwei süßen Pupperzückchen sehen uns bestimmt bald wieder!

... zwei Wochen später ...

B) Hallo und herzlich willkommen im Jobcenter! Mein Name ist Hungerlundt und ich bin ihr neuer Fallmanager. Warum sind sie heute wohl hier?

*

Schnell kochen mit Rolf – Nachschlag 1 – 18.5.2022

Brause ohne Brausepulver
Das haben wir uns immer im Hochsommer im Garten gemacht, denn mehrere Flaschen Brause für ein Wochenende für mindestens drei Kinder, wenn nicht gar mehr (meine Keule, meine Cousine, Nachbarstochter, die Freundinnen der Cousine, die Freundinnen der Nachbarstochter und icke ... und wenn ein Kind Brause will, dann wollen ja alle) mit der Bahn zu schleppen, damals waren die Flaschen ja noch alle aus Glas und die hätten dann wieder zurück gemusst, denn es gab im Ort keinen Späti und die Geschäfte schlossen Samstags um 11.30 Uhr, während

wir bis 11.30 Uhr noch in der Schule saßen, kurz und gut, man hat sich anders beholfen. Brausepulver war eine Möglichkeit, das wurde von uns aber lieber so aus der Tüte geschleckt. Deshalb selber machen. Im "Mosaik" wurde das vor einigen Jahren mal im Mittelteil so vorgestellt und ich erinnerte mich dabei an unsere Rezeptur.

Also ich kenne folgende Varianten, eine mit Leitungs-, im Falle des Gartens halt Brunnenwasser oder dieses Wasser mit einem Schuss Getränkesirup oder Brunnenwasser mit Fruchtsaft eins zu eins in einem Glas gemischt. Da hinein ein halber Teelöffel Essigessenz. Alles nochmal verrühren und ganz zum Schluss zur Neutralisierung der Säure noch eine Base hinein: eine Messerspitze voll Natron. Und nochmal verrühren. Die Essigsäure aus der Essenz reagiert mit dem basischen Natron. Bei dieser chemischen Reaktion entsteht Kohlensäure. Bei der Variante mit Fruchtsaft ist die ein wenig heftiger. Auf gar keinen Fall aber Essig allein trinken! Auf jeden Fall sollte man dieses Getränk sehr schnell trinken, weil sich die Kohlesäure nicht fein genug im Wasser verteilt.

Kwas

Das ist ein Brotbier! Einen alten Brotkanten oder insgesamt altes Brot, auf keinen Fall schimmliges Brot, zerkleinern, würfeln. Nun kann man, man muss aber nicht, etwas natürlichen Sauerteig dazu geben. Es gibt auch extra Kwas-Hefe. Nach meiner Erfahrung reicht aber frische oder sogar körnige Trockenhefe. Mit

Wasser soweit aufgießen, dass in dem Gärgefäß, das kann ruhig eine Saftflasche sein, denn so viel Brotkanten hat man ja oft nicht, das Brot zwei Drittel des Raums, das Wasser zusätzlich ein weiteres Drittel bis über den Brotrand hinweg einnimmt. Nun mit einem Gärröhrchen verschließen und eine Woche lang vor sich hin blubbern lassen. Man kann auch noch einen Esslöffel Zucker vor der Gärung dazu geben, aber das im Brot selbst verbackene Zuckercouleur reicht aus. Nach etwa einer Woche hat man ein Getränk, das etwa 1,8 – 2,5 Vol-% Alkohol hat. Es ist also sehr leicht. Man könnte das dann auch noch zu Schnaps brennen, aber davon rate ich ab, weil dabei unkontrolliert viele Mengen an Methanol entstehen können und dieses zur irreparablen Erblindung führt.

Ananaskompott
Es gibt Jahreszeiten, in denen einheimische Äpfel, auf Grund der langen Lagerung in Kühlhäusern, relativ teuer sind, teurer als frische Ananas. Sie werden oft halb grün im Supermarkt angeboten, aber ihnen reicht eine Lagerung von ein bis zwei Tagen offen bei Zimmertemperatur auf dem Küchenschrank. Ein Viertel pro Person reicht. Also das Ding vierteln, den Rest jetzt aber in eine Plastiktüte oder in Folie gewickelt in den Kühlschrank. Das Viertel ausschälen und würfeln. Der etwas härtere Mittelstrunk im inneren der Ananas kann gern mitgegessen werden. Nach dem Würfeln mit einem halben Teelöffel voll Zucker bestreuen und ein paar Tropfen, wirklich nur

Tropfen, Rum darüber träufeln. Das ganze am besten schon Mittags zubereiten , im Kühlschrank in der abgedeckten Schüssel ziehen lassen und schließlich als Nachtmahl hervor holen.

*

Krank

erster Teil getippt als Notizzettel auf dem Handy am 21.5.2022 im Krankenhaus Königin-Elisabeth-Herzberge gGmbH, Vervollständigt und geschliffen am 22.5.2022 zu hause – Hintergrund: eine eigene Nierenkolik

Tatort Krankenhaus, Situation Langeweile. So fühlen sich vermutlich die Fische in meinem Aquarium: warten auf Essen, warten auf weitere Behandlung, warten auf Besuch, warten, dass das Geschirr des abgegessenen Essens abgeräumt wird, ... Da! Da klappert was! ... Aber das klappern geht an unserer Tür vorbei. ... Nichts passiert. ... Seit gestern Abend. ...
Nun scheint wohl was zu geschehen. Ich soll meine Sachen packen. Werde wohl nachher umgelegt. Ist so etwas in einem Krankenhaus wörtlich zu nehmen? Sind ja immer gleich Friedhöfe gegenüber von diesen Einrichtungen.
Ein Bett ist auf dem neuen Vierbettzimmer belegt: meines! Mir ist langweilig. Ich hatte vor der OP gedacht, nach der OP wäre ich k.o. und würde nur schlafen wollen, aber außer einem ständigen Ziepen am Zipfel, der Zipfel, an dem Mann so ungern was dran geknipst bekommt, geht's eigentlich.
Vorhin ging es dann plötzlich, nach zweiundzwanzig Stunden warten auf die OP, doch noch ganz, ganz schnell. "Ja, ihre Sachen, bekommen sie ja so weg oder?" "Ich habe sogar noch einen Beutel dabei!" "Das ist schön. Dann nehmen wir das gleich alles mit und stellen es auch auf ihr neues Zimmer. ... Das Handy können sie mir auch gleich geben."

32

Mein Handy! Meine Verbindung zur Außenwelt! Meine derzeit einzige Verbindung zur Außenwelt! Zack zack weg!. Ich liege im Bett und das wird geschoben, rrr-rrr-rrr-rrrt über Betonpisten, klack-klack-klack über Fliesen, rumpel-rumpel über Holzbohlen, schurrrr über Linoleum. Hände ins Bett bei solch Fahrten. Das weiß ich noch vom letzten Krankenhausaufenthalt. Wie lange ist der jetzt her? Siebzehn Jahre? Da waren noch Handys auf den Zimmern verboten, heute gibt's kostenloses, freilich dafür aber etwas wackliges WLAN. ... aber immerhin ...
Neues Zimmer. Die Kittelfarbe wandelt sich. Hat das was mit Diensträngen zu tun? In der Notaufnahme war es pink plus orange, die Ärzte waren weiß, auf der Station überwiegt grau. Jetzt bei der Betäubung sind die Kittel und Masken blau. Wie auch die der Putzfee. Oh Gott, werde ich hier von Putzfeen in die Träume befördert? "Jetzt keine Schnappatmung Herr Gänsrich. Wir tun Ihnen nüscht." Einstich rechts, Einstich links. Mir wird warm um den Kopf und während um mich herum weitere Lichter an gehen, gehen die bei mir gerade aus.

Ich komme zu mir, weil es hell um mich wird und weil mein Bett, in das mich irgendwelche Sumo-Ringer mit meinen knapp zweieinhalb Zentnern gehievt haben müssen, über Gänge rumpelt. Ich versuche etwas Nettes zu sagen wie "schönes Licht haben sie hier", "tolle Leuchtstoffröhren" oder "vielen Dank für die Abfuhr in den Betten dieses Krankenhauses" , aber ich lalle wohl nur etwas, das sich wie ein launiges Bierfestzeltlied anhört.

Ich werde auf einem Gang abgestellt und bin noch ein wenig orientierungslos. Aber das bin ich in diesem Haus hier sowieso. Ich vermute mal, rechts von hier ist die Notaufnahme, da bin ich gestern rein. Gerade zu der Arzt, darunter das CT. Und dann hat mich der Arzt gestern noch persönlich bis in die zweite Etage gebracht und zwar "natürlich auf die Station am Ende des Ganges". Die mich dort in Empfang nehmende Schwester wäre durchaus einen kleinen Flirt wert gewesen. Aber sie verglich nur Daten und schob mich dann in das letzte Zimmer am Ende des Ganges. Dort mit mir ein junger Mann Namens Stefan, der mir sehr gerne den Gebrauch von Fernseher und Lichttaste erklärte und den Nachts mein Schnarchen nicht störte. Ein netter Mensch, so wie hier alle nett sind. Nur ick hab mal wieder Hummeln im Arsch. Zwei Bücher dabei, aber lesen strengt an und so bin ich über die Verfügbarkeit des Patienten-WLAN froh, das ich irgendwo aus den Augenwinkeln mitbekommen habe und über meine Entscheidung, mein Handy mitzunehmen. Bin ja noch Steinzeit. Als ich das erste mal im Krankenhaus war, vor fuffzich Jahren, waren wir fünfundzwanzig Personen auf dem Zimmer und jede Nacht starb einer. In den 1980ern ähnlich. Fünfundzwanzig Leute im Zimmer, feste Besuchszeiten, wie im Knast. In den frühen bis Mitte der 2000er Jahren waren Handys auf den Zimmern noch tabu, wegen der Technik und der E.M.-Wellen. Heute also freies WLAN für bewegungs-eingeschränkte Patienten, gefördert vom Land Berlin.

Ich stehe, ohne Handy, ohne Klamotten...also ich liege im Bett ... vor dem leeren Schwesternzimmer. Neben mir schiebt eine Süße, die einen Flirt wert wäre, leere Betten. Ich flirte sie an mit: "Bitte ich möchte auf mein Zimmer." Und bekomme zurück ein nicht unfreundliches, sondern eher bedauerndes: "Die machen jetzt wohl noch Pause." Keine Uhr, kein Handy, nicht mal ein tropfender Wasserhahn oder ein Tropf bei dem man zur Zeitmessung die Tropfen mitzählen könnte.
[1]Aber die Süße schiebt weiter Betten. Kilometergeld

---

[1]- *ab hier am 22.5.2022 den Text zu hause fertig gemacht*

bekommt sie keins, versichert sie mir auf Nachfrage. Wie oft die jungen Frauen hier wohl von alten, weißen Männern wie mir angeflirtet werden? Die Schwestern tun mir leid.

Da nun endlich, mein Rucksack, mein Beutel, mein Handy landen auf dem Bett und ich werde wieder geschoben. Ein Stück. Das ... genau das Vierbettzimmer mit mir als einziger Person. Einzelzimmer als Kassenpatient. Das hat doch was. Die geduldige Schwester nimmt das pieksende zwischen meinen Beinen weg und zeigt auf den Schlauch, der eine Verbindung zwischen diesem Beutel einerseits und meinem Unterleib andererseits ist, an dem es jetzt doll ziept, während sie mit dem Schlauch arbeitet und mir zeigt, wie ich den nehmen muss wenn ich das Bett mal verlassen will.

Icke im Nachthemd, klar im Kopp, aber unten weiter nüscht an, als den Schlauch, der an meinem Zipfel zieht. Oh wie gemein! Das Nachthemd ist hinten auch noch offen. Das beschränkt den eigenen Aktionsradius von Nasszelle, am eigenen Bett vorbei bis zum Fenster, vor dem ein Tisch mit drei Stühlen steht und daneben mein Schrank und wieder zurück.
Mit der einen Hand den Katheterbeutel balancierend, versuche ich mit der anderen Hand irgendwie Ordnung in meine Klamotten zu bringen. Die zentnerschwere Motorradjacke flutsch gleich mehrfach vom dürren Plastikbügel, den Kugelschreiber in die Hemdtasche zu tun, war auch keine gute Idee, denn der fliegt nun beim Aufhängen des Hemdes in einem hohen Bogen einmal quer durch den Raum und landet am Kopfende des übernächsten Bettes. Und während ich weiterhin mit nacktem Arsch im Nachthemd meinen Katheter auf links balanciere, versuche ich mit dem rechten Fuß den Kuli unter dem eingeschweißten anderen Bett hervor zu rollen. Zum Glück filmt mich dabei keiner. Aber huch, die Gardinen der

Fenster sind offen und die Fenster sind zum Hauptweg hin. Zum Glück kennt mich hier keiner und ich rufe auch nicht ständig: Hier ist der OKbeat bei alex auf 91,0!

Nach ganz unten hat sich natürlich das Ladekabel des Handys im Rucksack verirrt. Nur noch dreißig Prozent Leistung. Das schaffe ich sonst nicht mal an vier Tagen hintereinander! Wenn der Strom weg und das Handy ausgeht, bin ich am Arsch, denn die Pin vom Handy steht im Notizheft mit den ganzen anderen Passwörtern und das liegt zu hause, sicher verwahrt im eigenen Safe.

Die niedliche Bettenschieberin vom Gang vorhin steht nach kurzem Anklopfen hinter dem halbnackten, älteren Herrn mit seinem Katheter in der Hand und fragt, was er zum Mittag essen möchte. Mir schwant: heute ist Samstag, da gibt's in Deutschland Eintopf. Ja, richtig, Kartoffelsuppe nehme ich. Und so sitze ich gleich auf meinem Bett, schlürfe leckere, gut gemachte Kartoffelsuppe als erste heutige Mahlzeit und bin zufrieden.

Geistig rege im Kopf versuche ich irgendwas zu tun, was nicht gänzlich sinnfrei ist und entdecke plötzlich, nach zwei Jahren, vollkommen neue Funktionen auf meinem Handy. Und nur um die Zeit irgendwie totzuschlagen, beginne ich diese Geschichte hier. Dabei sitze ich, am Arsche nackt. Der Katheterbeutel hängt über einer anderen Stuhllehne, am Tisch. Die Niedliche kommt nochmal, räumt das Geschirr vom Mittag weg und bringt mir zum Nachmittag, es ist kurz vor 14 Uhr, zwei Kekse und eine Tasse Kaffee und verabschiedet sich bis morgen.

Der Nachmittag verrinnt mit Adlerfingerstoßtippen auf der Handytastatur. Das dauert und darf vor allem dauern. Um am Rücken nicht kalt zu werden, hänge ich mir das Hemd um die Schultern. Dabei flutscht der Kugelschreiber wieder heraus und landet ... genau da, wo ich ihn wieder erst umständlich hervor rollen muss. Mit dem Katheter im Arm wandere ich immer mal durch das Zimmer. So gegen 18 Uhr klappern auf dem Flur. Ah! Action! Das Abendessen kommt! Ich wähle Schusterjungen als Unterlegscheiben, bekomme vier Stück Butter, Käse, Wurst, Hagebuttentee und eine ganze Salzgurke auf einem Extrateller. Macht wohl der Caterer von Haus aus so. Ich lächel in mich hinein. "Saure Jurke is ooch 'n Kompott.", sagt der Berliner. Das Geschirr ist kaum abgeräumt, da ruft Micha von der Zeitung über Whatsapp an. Bildtelefonie mit wackligem WLAN. Aber es funktioniert besser, als erwartet. Nach einer halben Stunde ist es erst 19 Uhr und ich hab den Rest des Abends für mich allein. Während ich mir mal Zähne putze, zum ersten mal an diesem Tag und in einem Buch lese, lädt das Handy bereits zum zweiten mal heute. Um 20 Uhr ist es geladen und der Abend noch jung. Der Fernsehbildschirm auf diesem Zimmer hängt so ungünstig, dass ich "Jimmi-Glitschie, der Mann ohne Knochen" sein müsste, um auf einem Bildschirm, nicht größer als mein Handy, etwas zu erkennen. Das geht gar nicht! Also hänge ich das Handy in die Schlaufe, die an einem Galgen mitten auf das Bett hinab hängt, damit man sich daran hochziehen kann. Live-Fernsehen, dafür ist das WLAN zu lahm, aber per Youtube anderthalb Stunden Konzert vom skandinavischen Glenn Miller Orchester unter der Leitung von Jan Slottenäs sehen das geht. Die Füße wippen automatisch mit und genau so regelmäßig ziepts am Zipfel.

Es klopft! Action! Der Pfleger vom Abendbrot: "Herr Gänsrich, brauchen sie noch was?" Ich denke an einen Krug Met oder ein Fässchen Rum, sage aber "nöö".
Es ist Ende Mai und relativ lange hell. Ich versuche trotzdem ab etwa 22 Uhr zu schlafen. Krankenhausbett halt,

es ist hart, aber man kommt leicht rein und raus. Jedes mal beim bewegen im Bett, ziept es am Zipfel und ich denke an: schlafen, du musst schlafen, irgendwie musst du schlafen.

Ich scheine kaum wirklich eingeschlafen, da gibt's plötzlich Festbeleuchtung und ein leeres Bett wird raus geschoben und eines mit einem stöhnenden Mann wird herein geschoben. Weichei, denke ich und versuche, das Geschehen zu ignorieren, drehe mich demonstrativ um auf die andere Seite und ... bin hellwach! Neben mir wird gestöhnt. Ich bin hellwach, tue aber weiter so, als würde ich tief schlafen. Bin aber hell wach. Greife das Handy, wegen der Uhrzeit. Die Pfleger sind raus, neben mir stöhnt es aus tiefster Inbrunst.

Das Krankenhaus liegt in einem Park. Ich bin aber von zu hause aus dieses Prenzelberger Grundrauschen, diesen Mix aus anfahrender S-Bahn, Notarzt-tatü-tata, Kinderweinen und keckernder Elstern gewohnt. Ist es hier draußen zu ruhig für mich?

Es ist schon taghell draußen und mag zwei Stunden später sein und ich schlafe endlich.

Ich werde wach von Geklapper auf dem Flur. Ans Stöhnen neben mir hab ich mich mittlerweile gewöhnt. Geklapper auf dem Flur, heißt gleich gibt's Action. Ich richte mich im Bett auf und betrachte den neuen Zimmergenossen. Höchstens halb so alt wie ich. Ich spreche ihn an, er spricht zurück und was von fünf Kindern und einer Frau und er stöhnt dabei vor Schmerz. Die Morgenschicht der Schwestern kommt und stürzt sich blutrünstig auf mich. Nebenher erzählen sie mir, dass mein junger, athletischer Zimmerkomparse dasselbe hat, wie ich. Während der schon wieder stöhnt, denke ich erst recht an "Weichei"! Fünf Kinder und dann so'n stöhnendes Etwas. Ich hab nicht gestöhnt, als ich hier ankam. Ich hab aber auch keine fünf Kinder.

Während der Athlet einen Zettel an seinen Galgen bekommt mit: "Füttern verboten" oder so, kommt zu mir wieder die kleine Niedliche von gestern und bringt mir auf einem Tablett mein Frühstück. Es ist Sonntag. Deshalb gibt's ein sehr hart gekochtes Ei dazu und ich hab Kohldampf. Sonst esse ich Nachts nämlich immer noch was. Aber hier war das nicht möglich. Die Niedliche räumt ab, ich bin kurz in der Nasszelle, denn ich täte gern mal was tun müssen. Aber mit dem Katheter am Zipfel misslingt das komplett. So putze ich nur schnell die Zähne, bevor die Visite kommt.

Geklapper auf dem Flur. Visite ist da. Ja, Katheter kommt gleich ab, Arztbrief kommt dann auch noch, und dann darf ich nach hause. Der Athlet neben mir bekommt nun ein Nachthemd wie ich und steht plötzlich halbnackt im Raum, als Mann aus arabischem Sprachraum inmitten einer Welle von jungen, hübschen Schwestern. Und er stöhnt bei seinen Bewegungen. Ich kann nicht anders und muss laut lachen. Weichei!
Der Athlet ist kaum zurück von seiner OP, da stöhne ich ... fast, denn eine der Schwestern entfernt meinen Katheterbeutel und alles was da an meinem Zipfel noch so hing. "Holen sie mal tief Luft, Herr Gänsrich." Hupp ... ab! "Au backe!", stoße ich zwischen meinen geschlossenen Zähnen hervor und denke jetzt bei mir an Weichei. Aber ohne Katheterbeutel kann ich mich wieder ohne Pieks bei jedem Schritt durch den Raum bewegen. Ich ziehe das Nachthemd aus und sehe erst da, wie blutig es da zwischen dem Schritt bei mir ist. Vorsichtig ziehe ich mich an und warte auf das Entlassungsgespräch, das auch zeitnah statt findet. Oha, das war jetzt also nur der erste Teil der Nierensteinbehandlung, der zweite Teil folgt in einem guten Vierteljahr. Endlich kann ich gehen, tausche aber mit dem Athleten noch schnell Telefonnummer und E-Mail. Die Niedliche ist leider außer Sicht, aber die andere, die

Burschikose, ist noch da und die frage ich nach dem Ausgang. Oh je, meine Orientierung! Sie erklärt mir den Weg. Ohne sie wäre ich in die vollkommen falsche Richtung gelaufen! Als ich raus bin aus dem Gebäude, gehe ich an ihm außen nochmal vorbei, um zu kieken, wo ich denn da war und erkenne an Baumästen drum herum sogar, wo ich gelegen habe.

Ich schlurfe zum Ausgang des Areals und hoffe, dass mein Kleinkraftrad den Sturm von vorgestern überstanden hat. Nicht weit ab davon auf dem Parkplatz stehen zwei Männer von Gegenbauer, die irgendwie zum Parkplatz zu gehören scheinen und die frage ich, ob mein Krad da wo es steht auch nicht im Weg steht und dass ich in einem Vierteljahr hier wieder her muss. Letzteres interessiert die zwar sicher nicht, aber sie machen mich auf den extra Parkplatz für Motorräder aufmerksam. Sehr nett.

Die Straßen der Stadt sind fast menschenleer, als ich nach hause knatter. Als ich meine Wohnungstür öffne, erschlägt mich die bis eben eingeschlossene Donnerstagshitze wie eine Wand. Aber ich sehe sofort, die Achat-Schnecken haben sich nicht gegenseitig vertilgt, es gibt auch keine Toten in den Aquarien und ich atme erstmal auf und öffne alle Fenster. Getreu der alten Bauernregel: "die Viecher zuerst" bekommen erst die Schnecken ihren frischen Salat, dann die Fische ihr Futter, dann packe ich aus und ziehe mich um.

Der Arzt hatte recht, die hinein operierte Schiene drückt beim Laufen auf die Blase. Hab ständig das Gefühl, gleich puschen zu müssen, dann kommen aber nur immer drei Tropfen. Und bis zu vier Liter trinken soll ich täglich. Endlich zur Ruhe gekommen, telefoniere ich zuerst mit Annette, dann per Video mit Micha und übers Festnetz mit dem Onkel aus Steglitz, der von meinem Unglück bisher nichts wusste, weil er weder ein Handy noch Facebook oder

Insta hat. Und ich schreibe der Theater-Alexandra sehr ausführlich bei Telegram wie es mir geht und dass wir doch die Tage gerne mal telefonieren können.

Danach lege ich mich wegen all der Aufregung kurz auf meine Bettcouch. Liegen geht, stehen geht, sitzen geht, nur aufstehen und laufen, das piekt auf die Blase. Vermutlich Gewöhnungssache.

Ich schaue nach, was ich noch im Kühlschrank hab, oder ob ich nochmal los muss, mir 'n Döner oder ein halbes Huhn wo schießen, aber ich entscheide: Pommes rot weiß mit zwei Wienern reicht. Vermutlich hätte ich heute, Sonntag, im Krankenhaus zum Mittag besser gegessen.

*

Aus Pommes rot weiß Nr. 393 vom 31.5.2022 – im OKbeat nicht gesendet

Es ist doch erstaunlich, auf welch wundersame Weise in den letzten Tagen die Spritpreise nochmal gestiegen sind, obwohl die Tankstellen kaum Kunden hatten.

Also mal unter uns Pastorentöchtern, dass die Tankrabatte nur ein Konjunkturpaket für die Ölkonzerne geworden sind, war doch abzusehen, oder?

Und das 9-Euro-Ticket ... mh ... also ich brauchs nicht. Genießen sie das Leben in vollen Zügen! ... ha-ha ...

Beides sind in meinen Augen reine Geldverbrennerei.

Statt dessen hätte man das Geld dafür investieren sollen, endlich mal wieder mehr Güter von der Straße auf die Schiene zu bekommen. Also das Bahnnetz ausbauen, Strecken, gerade im ländlichen Raum oder im Speckgürtel von Großstädten wieder reaktivieren.

Für den Raum Berlin fallen mir da ein, S-Bahn nach Staaken, S-Bahn nach Falkensee, S-Bahn nach Velten,

S-Bahn nach Rüdersdorf wie schon vor 1933 mal geplant, Reaktivierung der Friedhofsbahn nach Stahnsdorf, oder Straßenbahn nach Spandau, Steglitz, zum Hermannplatz, U-Bahn nach Weißensee, Aufbau eines O-Bus-Netztes, denn dann bräuchte man keine seltenen Erden aus China für Busbatterien, S-Bahn zur Gigafactory nach Grünheide oder Straßenbahn von Woltersdorf nach Erkner und zur Gigafactory. ... nur mal so als Vorschlag. Jeden weiteren Kommentar erspare ich mir jetzt.

*

Eine mir unerwünschte E-Mail-Korrespondenz, aufgezwungen von K. Bell am 15.6.2022
Gesendet: Mittwoch, 15. Juni 2022 um 11:01 Uhr Von: K_Bell1 An: r.gaensrich, Betreff: 2G auf Ihren Kiezspaziergängen
Sehr geehrter Herr Gaensrich, bitte teilen Sie mir die gesetzliche Grundlage mit, dass Teilnehmer Ihrer Kiezspaziergänge Ihnen gegenüber verpflichtet seien, Ihnen einen 2G-Nachweis vorzuzeigen.
Mit freundlichen Grüßen, K. Bell.
Diese Antwort habe ich nicht geschickt:
Sehr geehrte/r Frau oder Herr Bell,
ich mache in diesem Fall von meinem Hausrecht Gebrauch! Sind Sie mal in jungen Jahren wo tanzen gewesen? Auch da steht ja am Eingang oft jemand, der quasi nach Nase entscheidet, wer da zum Tanz hinein darf und wer nicht. Auch das ist Hausrecht. Ich weiß, wir sind unter freiem Himmel und in so fern verflüchtigen sich sicher unter Umständen bei Einhaltung von Abständen die Aerosole. Ich werde und habe bisher noch nie nachgeprüft, ob da jemand genesen oder geimpft oder getestet ist, denn ich gehe davon aus, dass Sie alle so vernünftig und ehrlich mit sich selbst

sind, dass Sie nicht bei einer eigenen Infektion mit Corona andere Menschen anstecken wollen. Wenn Sie fremde Menschen indes mit Corona bewusst anstecken wollen, dann klebt Blut an Ihren Händen und damit müssen Sie dann mit sich selbst klar kommen! Und Sie dürfen bei mir auch eine Maske tragen, Sie brauchen es aber auch nicht. Bei den Führungen sind häufig recht viele betagtere Teilnehmer, die zu den Risikogruppen gehören. Ich selbst gehöre dazu! Und so stelle ich es Ihnen anheim, zu meinen Führungen zu kommen oder auch nicht. Ich zwinge Sie ja nicht dazu! Sie dürfen gerne fernbleiben! Deshalb darf ich mal rückfragen, warum Sie Sich aufregen? Mit besten Grüßen

Gesendet statt dessen:

Sehr geehrte/r Frau oder Herr Bell,
ich mache in diesem Fall von meinem Hausrecht Gebrauch!
Mit besten Grüßen
P.S.: Im Übrigen darf ich mir erlauben, fest zu stellen, dass Sie mir bemerkenswert unhöflich erscheinen, da Sie es mir nicht erlauben, Sie geschlechtsspezifisch anzuschreiben.
Haben Sie noch einen schönen Tag!

Antwort von K. Bell

Sehr geehrter Herr Gänsrich, vielen Dank für Ihre E-Mail. Ich habe jetzt in der aktuellen C-SchutzVO (C-VO) des Landes Berlin nachgelesen. Zum Stattfinden von Veranstaltungen im Kulturbereich ist in der C-VO das Folgende angegeben: "... Veranstaltungen, Kultur, Sport und Freizeit(.) Veranstaltungen im Kultur-, Sport oder Freizeitbereich sind ohne Einschränkungen der Personenanzahl oder besonderen Zugangsvoraussetzungen erlaubt. Es gilt keine allgemeine Maskenpflicht. Bei einigen Kulturveranstaltungen und in bestimmten Museen haben sich die Verantwortlichen für eine Weiterführung der Maskenpflicht entschieden. Bitte erkundigen Sie sich vor Ihrem Besuch, welche genauen Regelungen gelten." Siehe

https://www.berlin.de/corona/massnahmen/#headline_1_24
Dass ein 2-G-Nachweis Voraussetzung sei, an einer (öffentlich zugänglichen) Veranstaltung im Kulturbereich teilzunehmen, hierzu finde ich in der aktuellen C-VO keinen Hinweis. Mit freundlichen Grüßen, K. Bell.

Meine Antwort darauf:

Sehr geehrte/r K. Bell, ich wiederhole mich: ich habe gewissermaßen Hausrecht! Der Sender, bei dem ich ehrenamtlich arbeite hat folgende Regelung, abweichend zu Ihrer genannten Verordnung: FFP-2-Maske im ganzen Haus, außer am Mikrofon, vorlegen eines tagesaktuellen, zertifizierten Schnelltests für mich und die Gäste meiner Sendungen. Das darf er so anordnen, denn er hat Hausrecht. Wenn Sie zum Tanz gehen und der Veranstalter dort verlangt von seinen Gästen, dass er, sie, es einen Schlips zu tragen hat, sonst darf er, sie, es nicht an der Veranstaltung teilnehmen, dann ist das sein Recht, das zu verlangen. Hausrecht! Wenn ein ausgewiesener Knabenchor keine Knaben die älter als 12 Jahre alt sind und Mädchen von seiner Teilnahme ausschließt, so ist dies sicher diskriminierend, aber der Knabenchor hat Hausrecht. Wenn ein Eiscafé stillende Mütter von seiner Bedienung ausschließt, ist das zwar sicher diskriminierend, aber sein Hausrecht. Wenn man als Mann von seiner Frau geschlagen wird und flüchten muss, darf ein Mann dennoch nicht in ein Frauenhaus, denn die haben dort Hausrecht. Der Mann muss dann heute leider sehen, wo er bleibt. Wenn ich bei meinen Führungen festlege, dass ich mit Betrunkenen eine Führung nicht mache, dann ist das meine Entscheidung, denn es ist meine Veranstaltung. Hausrecht. Wenn ich jetzt von zu hause aus festlege, dass ich meine Führung nachher nicht mache, vielleicht weil mir unwohl ist, oder weil es nachher hageln wird, dann darf ich die auch durchaus ausfallen lassen. Diese Freiheit und das Hausrecht hab ich in diesem Fall. Ich brauchte so etwas nicht einmal vorher

anzukündigen! Wenn Sie 2-G bei meinen Führungen stört, dann brauchen Sie ja nicht zu meinen Führungen zu kommen. Ich zwinge Sie ja nicht dazu, sich mir anzuschließen! Und selbst wenn Sie Sich an 2-G halten und mir während der Tour plötzlich ein Gespräch über Sinn oder Unsinn des Tragens einer Maske im ÖPNV aufdrängen würden, hätte ich das Recht, Sie von der weiteren Teilnahme an dieser Führung auszuschließen. Anderenfalls würde ich bei Ihrer Weigerung auch die Polizei rufen. ... so einen Fall hatte ich schon einmal im Januar! Und um jetzt mal ein wenig unfreundlich Ihnen gegenüber zu sein, sei mir der Hinweis gestattet: Sie rauben mir gerade die Kraft und die Zeit, meine nächsten Führungen ordentlich vorzubereiten.
Haben Sie weiterhin eine angenehme Zeit!
Beste Grüße

*

der "verlorene" vierte Immenhof-Spielfilm

Ich bin grundsätzlich ein Fan dieser Reihe, hab aber mit den beiden Fortsetzungen aus den 1970er Jahren so meine Probleme - geschrieben am 20.12.2010

Hätte ich nach den ersten drei Spielfilmen der Immenhof-Reihe aus den 1950ern noch in den 1960er Jahren und nicht erst, wie geschehen in den 70ern eine Fortsetzung gedreht, dann nach folgendem Plot:

Das Ponyhotel lebt, doch dann kommen neue Schwierigkeiten auf alle zu. Die Handlung beginnt 1959. Herr Roth wird endlich Vater, doch seine Frau stirbt im Kindbett. Dick kümmert sich deshalb um das Kind. Aus Gram über den Tod nun schon seiner zweiten Frau beginnt Herr Roth zu trinken. Dick, die ihm helfen will, sieht nicht, dass sie zum einen ihren Verlobten Ralf vergrämt und sich zum anderen Herr Roth in sie verliebt. Als Ralf und Dick dies im Sommer 1960 erkennen, finden diese beiden wieder zueinander und heiraten endlich auf Immenhof. Allerdings muss Dick auf Ralfs Forderung eingehen und mit ihm gemeinsam in der Hochzeitsnacht ins australische Outback auswandern, um dort auf ihrem eigenen Hof eine eigene Ponyzucht zu eröffnen.

Herr Roth ist deshalb erneut vergrämt und erhängt sich schließlich in der Hochzeitsnacht der beiden jung Vermählten direkt am Kronleuchter der Eingangshalle zum Ponyhotel. Ein Feriengast entdeckt ihn am anderen morgen.

Dieser Feriengast hat großen Einfluss auf den Chef des Reiseunternehmens, das bisher die Feriengäste auf den Immenhof geschickt hat, so dass der Immenhof nun keine Feriengäste mehr bekommt und im folgenden Jahr weiter in finanzielle Schieflage gerät.

Dann geht alles ganz schnell, denn Tierarzt Doktor Pudelich stirbt plötzlich an Altersschwäche. Dies nimmt Oma Jantzen sehr, sehr mit. Dalli sieht nun nur noch eine Lösung zur Rettung des Immenhofs, aber diese Lösung ist nicht so einfach. Sie kontaktiert ihre Tante im Mecklenburger Dörfchen Krakow am See, ob die ihr nicht irgendwie helfen kann. Diese von uns neu eingeführte Tante Luise versucht darauf hin, über Berlin in den Westen zu fliehen. Doch dummerweise misslingt dieser Fluchtversuch, den Tante Luise nun ausgerechnet am frühen Morgen des 13.August 1961, dem Tag des Mauerbaus in Berlin, durchführen will. Dalli und Oma Jantzen erfahren von Ethelbert, der Tante Luise an der Bernauer Straße in Empfang nehmen sollte, von diesem missglückten Fluchtversuch.

Vor Gram stirbt nun auch noch Oma Jantzen. Dalli gibt nun ihrem Ethelbert die Schuld an Oma-Jantzens Tod und auch an der Schieflage des Gutes Immenhof.

In einer Aussprache mit Ethelbert erfährt sie, dass dieser der eigentliche Vater des Sohnes von Herrn Roth ist, den Dick und Ralf mit sich nach Australien genommen haben. Von ihrem Ethelbert bitter enttäuscht, schmeißt sie ihn vom Gut und erfährt im Gasthaus, dass Ethelbert auch noch Spielschulden im Dorf hat. Daraufhin rastet sie aus, zahlt seine Spielschulden von Geld, dass sie sich geliehen hat und schickt ihn Dick und Ralf nach Australien hinterher, damit er sich dort wenigstens um sein Kind, das Dick und Ralf mitgenommen hatten, kümmern kann. Nun ist allerdings auch Dalli verzweifelt, denn alle Menschen, die sie auf Immenhof liebte, sind nicht mehr dort.

Vor allem um ihre Schulden zu tilgen beauftragt sie treuhänderisch eine Firma damit, Immenhof zu verpachten. Letzte Szene: während Dalli in einen Zug mit ihren Koffern einsteigt, hält im Güterbereich des Bahnhofs Mente ein Güterzug mit Viehwaggons, aus dem ihr neuer Pächter Alexander Arkens beginnt, seine Pferde auszuladen.

Damit wäre der Anschluss an die zwei Fernsehfilme der 1970er Jahre gewahrt.

*

Waltons Finale – *geschrieben am 11.8.2013*
Die TV-Serie "Die Waltons" endet unerwartet, wie abgehackt. Die Eltern tauchen gar nicht mehr auf, die Großeltern auch nicht und von den bekannten Gesichtern der 1. Staffel sind eigentlich nur noch die Baldwin-Schwestern und drei der Kinder da. Die ganze letzte Folge entsprach überhaupt nicht den Erwartungen der Fernsehzuschauer. Dieser Plot hier wäre mir lieber gewesen: Die Eltern kommen zurück, die Mutter ist wieder gesund und so gibt man deshalb bei den Baldwin-Schwestern eine Willkommensfeier. Dabei unterhalten sich dann auch die Leute miteinander ... "weißt du noch, John, als Mary-Ellen damals .... " und dann kurze Rückblenden ....usw. ... Zum Schluss tritt der Erfinder der Serie in die Feierrunde hinein und hält die Abschlussrede des tatsächlichen Staffelfinales.

*

Karamellisierter Kaffee - *geschrieben am 5.7.2022*
Kaffeebohnen von Hand mahlen. Einen gestrichenen Eierlöffel Streuzucker pro Kaffeetasse in einen Edelstahltopf geben, gleichmäßig verteilen und erhitzen, bis

der Zucker beginnt, flüssig zu werden, ohne zu verbrennen. Sofort die benötigte Wassermenge hinzu geben. Es kann sein, dass jetzt der Feuermelder in Ihrer Küche los geht! In das Wasser sofort den gemahlenen Kaffee hinein geben, aufkochen und so lang kochen lassen, bis auf der Wasseroberfläche kein Schaum mehr ist. Runter damit vom Feuer und in die Kaffeekanne / -tasse mit dem Gebräu. Sie brauchen von der Menge her weniger Zucker und weniger Kaffee, als im Normalfall.

*

Ringanalyse
geschrieben am 15.7.2022

Dieser Text hier war nie für einen Vortrag auf der Bühne oder im Radio und auch nicht für die Zeitung geplant, sondern grundsätzlich nur für dieses Buch hier.

Im Laufe des Lebens macht man ja so seine Erfahrungen mit den Menschen und ich beobachte sehr genau. Warum ich dabei noch immer nicht auf meine "Gwendolina"[2] gestoßen bin, weiß ich nicht. Sie schaute wohl schon öfter mal bei mir vorbei, aber entweder bekomme ich das selbst nicht mit, weil ich gerade nach Lucy[3] oder Prudence[4] schiele, oder es passt gerade nicht in mein Leben oder sie ist gerade frisch verheiratet und noch immer, leider, in ihren eigenen Mann verliebt, sowas soll ja durchaus mal vorkommen, oder sie ist zu jung oder zu alt oder aus einer anderen Stadt, bei den Entfernungen innerhalb Berlins reicht ja schon ein anderer Stadtteil oder sie ist in der falschen Partei oder sie raucht und seit ich 2005 aus gesundheitlichen Gründen selbst das Rauchen aufgegeben habe, mag ich

---

2 "Gwendolina komm heraus" heißt es in einem Schlager von Adamo von 1973
3 Lucy aus der TV-Serie Dallas
4 "Dear Prudence" ist ein Beatles-Song

Zigarettenrauch nicht mehr, oder sie lebt Vegan und ich für meinen Teil brauch schon auch mal tierisches Eiweiß, es darf auch vom Schwein aus Massentierhaltung sein, oder sie ist ständig noch mehr pleite als ich oder sie behängt sich mit Schmuck wie ein Weihnachtsbaum, so frei nach dem Küchenlied "Gold und Silber lieb ich sehr ... " oder sie hat fünf kleine Kinder an der Backe und einen Ex-Mann der noch neben ihr im Ehebett schläft oder sie ist keine Berlinerin und hat in ihrem Dorf eine Karnickelzucht, die sie am Wochenende ausmisten muss, während ich ja an Wochenenden meist arbeite ... und so weiter. Je älter ich werde, um so wählerischer werde ich und um so häufiger dreh ich mich auf der Straße nach jungen Frauen "die man noch formen könnte" um.

Nun lerne ich durch meine Stadtführungen und Radiosendungen immer wieder sehr viele Menschen kennen. Im ersten Moment bin ich, wenn ich Leute kennen lerne, auf dem komplett falschen Dampfer in meiner Einschätzung dieses Menschen. Und meist erst beim zweiten Treffen sehe ich dann diese Person mit den richtigen Augen. Dabei hilft mir sehr oft die Beobachtung dieser Leute. Vor allem die Beobachtung ihrer Hände. Ja, bei Frauen schau ich immer zuerst auf die Hände, falls es nicht gerade Hochsommer ist und mir eine junge Dame in luftigem Sommerkleid mit darunter bei jedem Atemzug bebenden, wackelnden, wabernden Fettgeweben an allen möglichen Stellen, vor allem denen neben dem Ausschnitt, der fast bis zum Bauchnabel geht, gegenüber steht. Die Hände agieren, führen ein Eigenleben und sagen ganz viel über eine Person aus, sowohl über ihren allgemeinen, als auch über ihren aktuellen inneren Zustand. Daher finde ich es im Fernsehen immer sehr schade, wenn bei Interviews die Hände der Agierenden im Bild abgeschnitten werden. Aber neben den Händen an sich sagt mir vor allem deren

"Besegelung" etwas über den Menschen aus. Das stimmt zwar nicht immer, nach meiner Erfahrung aber meistens, und es gilt für Mann und Frau gleichermaßen.

Hier ist also meine Ringstudie:

- unberingt > diese Person ist relativ unkompliziert und mit ihr kann man Pferde stehlen
- Ring auf dem Daumen > sehr kompliziert, schwer einzuschätzen, sehr wechselhaft
- auf dem Zeigefinger > nett und verspielt, selten treu, nicht ganz unkompliziert, nicht so leicht zu durchschauen
- auf dem Mittelfinger – das hab ich schon selbst ausprobiert und es veränderte mich in dem Moment, in dem ich selbst einen Ring auf dem Mittelfinger trug, total > der Mittelfinger ist ja das Phallussymbol schlecht hin, ein Ring dort deutet darauf hin, dass diese Person insgesamt sehr dominant ist, sowohl im Job, als auch im Privatleben
- Ehering rechts > diese Person ist vom Wesen her insgesamt sehr lieb und unglaublich treu
- Ehering links > ist noch immer lieb, aber ist nur meistens, nicht immer, treu
- auf kleinem Finger > steht aufs gleiche Geschlecht, oft ohne es selbst zu wissen

Die Kombinationen daraus sind wie die Aszendenten in der Astrologie. Einige Beispiele:

- auf Zeigefinger und Ehering links > meist treu, im Bett verspielt, nicht unkompliziert
- Ehering rechts und Mittelfinger > treu bis ans Ende, dominiert aber in der eigenen Beziehung
- zwei Ringe auf einem Finger unterstreicht den oben genannten Charakter

Soweit meine kleine Ringanalyse.

Aus OKbeat Ausgabe 1037 vom 28.7.2022
Es gibt viele Süchte, an denen eine Beziehung kaputt gehen kann. Spielsucht, Drogensucht, Eifersucht, … .

*

Notizen aus dem Krankenhaus.

Geschrieben am 8.8.2022 auf dem Handy im Königin-Elisabeth-Krankenhauses* und am 9.8.2022** zu hause auf dem PC im Rahmen der 2. OP nach meiner Nierenkolik

Schon wieder Krankenhaus. Jetzt geplant. Zu Hause fühlt es sich vorher an, wie eine geplante Bauchlandung. Du weißt genau, dass du dann und dann heftig abstürzen wirst, du weißt nur nicht für wie lange. Aber auf die Fresse fliegst du auf jeden Fall. Sind die Viecher ordentlich versorgt? Haben die Blumen genug Wasser? Sind alle Bestellungen von Amazon da?*

Und dann hinein ins Gebäude. Vom eigenen Zeit-Management des Freiberuflers, der sein Zeugs dann macht, wann es ihm passt, der keine Wochenenden oder Feiertage kennt, hin in eine fremde Zeiteinteilung, die man nicht kennt. Wo sind die jetzt alle? Können doch nicht alle weg sein? Machen die jetzt Frühstück oder Übergabe? Wieviel darf man stören, ohne dass es penetrant wird und ab wie wenig wird man vergessen?
Dann geht es endlich aufs Zimmer und man bekommt Bett und Schrank zugewiesen. Alle im Haus sind nett und man kommt bei richtiger Gesprächsführung sogar an die Menschen hinter dem Job heran.**

Nun verengt sich die ganze Welt auf das eigene Kranken-zimmer. Drei Schritte breit, sechs Schritte lang. Davor das Fenster und vor dem Fenster die unmittelbare "Außenwelt". Schlüsselloch in ferne Weiten, zu den Kriegen, dem Elend, dem Hunger in der Welt, ist das freie WLAN mit einem Bildschirm in Zigarettenschachtelgröße. Man kann zwar nicht wirklich was sehen, aber man ist nicht ganz von allem abgeschnitten.

Warten. Zum Glück sind keine Uhren auf den Zimmern, die mit ihrem steten tick-tack die Zeit erst gar nicht vergehen lassen würden. Stattdessen: keine Uhren. Die Zeit steht hier einfach nur still.*

Draußen hinter der Tür, die unbekannte Welt, die die man nicht sehen, sondern nur hören und damit nicht wirklich einordnen kann. Und von dort nun doch Geräusche, Geklapper von Geschirr und Schuhen, die meist weiter gehen und so lässt man die Gedanken schweifen und kommt zu Dreizeilern wie diesen hier**:

Krankenhaus Lyrik
Auf dem Uluru
Sitzt das Känguru
Und hoppelt ab und zu*

Während man damit beschäftigt ist, zu überlegen, wie diese Zeilen nun weiter gehen könnten, springt plötzlich die Tür auf: "Herr Gänsrich, wir bringen sie jetzt zur OP. Ziehen sie sich schnell aus und das Nachthemd an."
Endlich gehts los!
... und der Rest des ungeschriebenen Gedichts geht auf den Gängen und Fluren und schließlich auf dem OP-Tisch verloren.
Wie hab ich das Krankenhaus letztens genannt? "Traumhaus"! Alles wird gut. Den Segen gibt's in einem evangelischen Krankenhaus von Oben ja gewissermaßen gratis dazu, ... als Mehrwert. Gruß an die ganzen Engel im Haus.**

*

Ich hab es geahnt, jetzt dürfen wir mit der neuen Energieumlage, auch noch die notleidenden Energiekonzerne retten. Und wer rettet mich?

*

Bilder aus Afrika. Hungernde Kinder, weinende Kinder, abgemagerte Kinder. Die Bilder gehen zu Herzen! Und dann erzählt eine Mutter, genau so abgemagert wie die Kinder, unter Tränen, dass sie jetzt 24 Jahre alt ist und ihr Mann momentan nicht weiß, woher er die täglichen fünf Brote für die Ernährung ihrer zehn Kinder her bekommen soll. Ich rechne:

1. hätten die nur zwei Kinder, würde täglich ein Brot reichen
2. wenn die Dame schon jetzt zehn Kinder hat, bekommt sie bis zum Erreichen ihrer Memopause mindestens nochmal zehn Kinder
3. in spätestens fünf oder sechs Jahren bekommen ihre ersten Kinder auch schon wieder Kinder

Ich weiß nicht, wie sinnvoll es ist, in die Hungerländer einfach nur weiter Lebensmittel hinein zu pumpen.

Notwendiger wären vor Ort sicher Bildung, Geburtenkontrolle, Verhütung, soziale Sicherungssysteme, die die Anschaffung vieler Kinder nicht notwendig machen und ein Umdenken in den Gesellschaftssystemen vor Ort.

Lieber zwei dicke Kinder, als zwanzig magere!

*

... aus OKbeat 1043 vom 8.9.2022
Wenn der Weg für Pferd und Wagen zu schmal ist, dann
belade nur den Esel.

*

Mein täglicher Frühsport? Die Handkaffeemühle in
die linke, die Kurbel in die rechte Hand und auf gehts!
Bin jeden Morgen am rumdrehen!

*

Jetzt folgt mir doch bei Instagram tatsächlich der
Beatrice Egli Fanclub. Naja, die wollen schließlich
auch mal so hin und wieder gute Musik hören.

*

Mit einem großen Auto zu protzen ist, wie sich beim
Armdrücken von Arnold Schwarzenegger helfen zu
lassen. Es ist nicht die eigene körperliche Kraft, mit
der man da protzt, sondern eine künstliche, fremde.
... und während der Protzende weiter protzt, hat der
Stille, Ruhige die schöne Frau bereits im Bett ....

*

Joghurt / Quark mit Früchten – vom 2.9.2022
Ein kleiner Becher Naturjoghurt oder ein Viertelpfund
= etwa einen halben Becher Quark nehmen. Die
schnelle Variante ist, einfach nur die für ein Trinkglas
übliche Menge an Getränke-Sirup dazu geben,
vermengen und einen halben Tag lang ziehen lassen.
Statt des Sirups kann man gern einen Esslöffel
flüssigen Honigs oder Melasse bzw. Zuckerrüben oder
Agavensaft nehmen.
Eine weitere Variante: statt des Sirups zwei Esslöffel
Obst aus dem Glas oder der Dose (Ananasstücke,

54

Sauerkirschen, Apfelmus, Apfelstücke, gemischte Früchte aus der Dose) dazu geben. Aufpeppen kann man das mit einem Teelöffel Rohrzucker oder einer halben Tüte Vanillin und ein oder zwei Tropfen Rum-Aroma (das ist alkoholfrei). Statt der Obstkonserve kann man auch geviertelte frische Trauben, Pflaumen, Erd- oder Heidelbeeren oder gehackte Apfel- oder Birnenstücke nehmen. Dann aber mehr zuckern. Bei Äpfeln oder Birnen kann man in beiden Fällen auch noch eine Prise Zimt mit unter rühren.

*

aus OKbeat 1045 vom 22.9.2022
Turbokapitalismus! Ein Becher Joghurt mit einem Viertelpfund Inhalt kostet heute umgerechnet so viel, wie fünfundzwanzig Becher DDR-Joghurt mit je einem Halbpfund darin. Nur schnell hoch mit den Preisen, denn wer die Preise als letzter erhöht, geht als erster pleite!

*

Diskussionsrunde
vom 6.10.2022

Es ist eine Diskussionsrunde. Das heißt, Leute sitzen in einem Kreis, auf der einen Seite die Menschen, die Fragen stellen, auf der anderen die, die die Fragen gestellt bekommen möchten.
Irgendwer hat zwei Lautsprecherboxen und einen Verstärker aufgestellt und gibt an die Fragenbeantworter und an den Moderator der Veranstaltung Funkmikrophone heraus, die aber natürlich 'n Wackler haben oder bei denen nach zehn Minuten die Batterien ausfallen. Man sucht nach Fehlern,

findet aber keine, weil schlicht nur die Batterien leer sind. Man tauscht die aus, gegen einen neuen Satz, aber auch die fallen nach zehn Minuten wieder aus. Nun werden umständlich Kabel verlegt, für jedes Mikro eines. Dabei stellt sich heraus, dass die Kabel nicht ganz in der Runde herum reichen und ein Teil der Fragenden aufstehen müsste, um zu fragen, damit auch alle etwas hören.

Der Einsatz von Mikros führt zu folgenden Phänomenen, die man ja eigentlich vermeiden wollte. Es gibt jemanden im Raum, der die Macht und zwar die über die Mikros hat und der nun quasi bestimmen kann, wer wann was und wieviel sagt. Und die, die was in die Mikros hinein sagen, werden beim Reden immer leiser, denn das was sie sagen, sollte ja verstärkt werden durch die Mikros. Wird es aber wegen möglicher technischer Rückkopplung mit den Lautsprechern eigentlich nicht, was zu Irritation beim Fragenden führt und die Leute immer leiser sprechen lässt.

Ehrlich, ohne den Einsatz dieser Dinger, wärs schneller und demokratischer in dieser Runde und vor allem müsste man einander zuhören. Mit Mikro prallen nur Meinungen gegeneinander.

Aber auch die Fragenden benehmen sich oft nicht. Bin ich schon zu lange Journalist, weil ich immer gleich auf den Punkt komme? Ich denke, die Fragenden wissen oft selbst nicht, was sie mit ihrer Art zu fragen so anrichten in diesen Runden oder sie sind der Meinung, sich hier erst profilieren zu müssen, denn fast alle erzählen vor ihrer Frage erst einmal ihren halben Lebenslauf, den aber niemanden in der Runde interessiert, denn jeder der Anwesenden hat schließlich sein eigenes Leben und braucht nicht noch ein weiteres im Kopf.

Nach den einführenden Worten eines sogenannten, aber oft macht- und hilflosen Moderators oder einer Person, die befragt werden will, geht es los, … Achtung! … mit dem Lebenslauf eines Fragenden!

„Also hallo in die Runde, ich bin die Manuela, also ich war mal die Manuela und heiße jetzt Hugo. Es könnte auch sein, dass ich mal die Manuela gewesen sein bin, wenn ich nicht vor Jahren diese Gesichtslähmung, also sie wissen ja, so eine Gesichtslähmung, wie sie oft ein Patient im Fernsehen in einer der Arztserien bekommt, aber nein, bei mir war die doch irgendwie etwas anders. Und da hatte ich nun meine Gesichtslähmung und sagte deshalb zu meinem Freund Udo, … also sie müssen wissen, Udo ist mein Freund, … schon seit Jahren. Ich weiß gar nicht, wie wir uns kennen gelernt haben. Ich glaube, es war beim Fischerfest auf dem Alexanderplatz unter einem Lampion. Oder war es doch beim Tanztee in der Kulturbrauerei, als mir Sabine das Bier über meine nagelneuen Jeans gekippt hat. Na die Sabine ist aber auch immer so ungeschickt. Letztens machte sie eine Dose Ölsardinen auf und sagte zu mir … ih-gitt, die Ölsardinen sind aber heute ölig, das sagte sie zu mir und da hab ich dann zu ihr gesagt, dass man die ja meist im Golf von Mexico fängt, und sie schon von Haus aus wegen der ganzen Erdölindustrie dort eingeölt werden. Die müssen ja schließlich auch mal ihr Schweröl wo los werden, glaube ich. Und da hat die Sabine gelacht und gesagt … was hat die denn gesagt, ich glaube, der Peter war ja mit dabei und da hat dann der Peter gesagt. … ähm, der Peter ist nämlich ein Kumpel von Sabine und mir und der kennt den Udo nicht. Und der Peter meinte dann zu mir, dass der Stahl für die Ölsardinen aus Russland … ja sie wissen ja, Russland kommt. Was mir aber dann doch zu weltpolitisch ist. Mexikanische Sardinen in amerikanisches Öl eingelegt, die dann in russischem Stahl verpackt werden, das ist mir zu politisch, wissen sie. Das sag ich auch immer zu meinen Neffen und zur Frau Gruber aus dem Nachbarhaus: das ist mir zu politisch! Darum hat sich die Frau Gruber auch mal bei meinem Freund Udo beschwert, weil sie so politisch ist und ich ihr immer zu unpolitisch bin. Das hat schon in meiner Kindheit angefangen. Ich hab mich immer aus allem raus gehalten. Das ist wohl so meine Art, um so anderen nicht zu sehr auf die Nerven zu gehen. Ich sag mir immer, Manuela sag ich, Manuela, manchmal sag ich auch schon Hugo, also Hugo sag ich, sei doch besser unpolitisch, dann eckst du wenigstens nicht an bei den Leuten und kannst ein ruhiges Leben führen. Das tu ich ja auch meist und gehe morgens nur einkaufen, mache nach dem Mittag ein kleines Schläfchen. Abends geh ich aber auch mal weg. Man muss ja auch mal unter Leute. Geh unter Leute, Manuela, sag ich mir dann immer, geh unter Leute und darum bin ich heute hier. Und was ich fragen wollte ist, was macht so ein Politiker überhaupt so den ganzen Tag? Geht der auch so wie ich mal einkaufen und macht nach dem Mittagessen ein kurzes Schläfchen, um abends wieder fit zu sein? Was tun sie überhaupt so den ganzen Tag? Also wenn ich abends dann doch mal zu hause bin, dann mach ich mir auch gern mal so einen Toast Hawaii mit einer Ananasscheibe und einer Cocktailkirsche oben auf. Um das getoastete Brot zu schneiden ist es mir aber wichtig, vorher immer noch meine Steakmesser zu schärfen. Manchmal nehme ich aber auch so ganz normale Messer, wie zum Stullen schmieren. Die muss ich dann aber vorher auch erst noch schärfen. Und das wollte ich heute mal fragen."

Auf diese sehr umfangreiche und allgemeine Frage, kann der Antwortende nur genau so umfangreich antworten, wobei bei den Fragenden erneut Dinge aus dem Urschleim auftauchen oder generelle Verallgemeinerungen in der Runde geäußert werden wie: Hat ein Politiker auch einen Arbeitsvertrag, früher war sowieso alles besser, mein Hund und ich haben beschlossen, keine Miezekatzen mehr in

unserer Wohnung aufzunehmen, die Jugend von heute …
tja-ja …, in vegane Rinderrouladen gehört auf keinen Fall
Speck vom echten Schwein, mich nervt die Maskenpflicht,
wo muss ich die noch tragen oder wenn du jetzt Hugo bist,
was ist dann aus Manuela geworden, die Manuela war doch
immer so nett zu mir.

Da die Diskussionsrunde nur auf anderthalb Stunden
angesetzt ist, schafft man so vielleicht maximal drei Fragen.
Das Ende zieht sich nochmal, weil jeder der Befragten und
noch der Techniker, der der den Rum spendiert hat und der
dem die Einrichtung gehört in dem der Raum ist, noch ein
aller- wirklich aller-aller-letztes Schlusswort schwafeln
müssen.

Ehrlich, ich nutze Diskussionsrunden für mich nur noch, um
Netzwerke zu knüpfen, denn ich bin ja der Rolf. Meine
Kumpeline Tina ist übrigens mit mir befreundet. Und weil
Tina und ihr Mann Micha mich schon seit Jahren kennen,
wissen die auch, dass ich gerne mal wieder echte selbst
gemachte Königsberger Klops essen würde, die gibt's bei
mir nämlich so selten, hat mir mal meine Freundin Andrea
erklärt. Aber das sagt sie schon seit Jahren. Die Andrea ist ja
auch eine ganz doll liebe. Die geht wie ich gerne mal zu
Diskussionsrunden, aber oft zu anderen, als ich … denn …
denn … was wollte ich gleich sagen?

*

... aus OKbeat 1047 vom 6.10.2022
Der alte Schlager: "Mutter der Mann mit dem Koks ist
da" mit den Zeilen:
"... ich hab kein Geld, du hast kein Geld,
wer hat den Mann mit dem Koks bestellt ..."
ist heute leider wieder genau so aktuell, wie vor
hundert Jahren. Bald sind richtige Kokstaxis in der

Stadt unterwegs, wo der Braunkohlenstaub Gramm weise abgewogen und das Erdgas zum kochen in winzigen Phiolen abgefüllt wird ... zwanzig Milliliter für nur 9,99 €.

*

Es heißt ja immer, Frauen könnten mit Geld nicht umgehen. Meine Erfahrung: es ist das genaue Gegenteil! Was meine Freundinnen Alexandra und Andrea alles in meine Steuererklärung hinein gepackt haben, da wäre ich im Leben nicht drauf gekommen!

*

Weisheit beginnt, wenn du einsiehst, dass du allein die Welt nicht retten kannst.

*

Gemeinsam mit Staren im Baum ist nicht gut Kirschen essen.

*

Wie man einen Jingle nicht macht

... aus Pommes rot weiß Ausgabe 413 vom 18.10.2022 ... als meine Reaktion darauf, dass ich seit Jahren in internen Chats von "Freien Radios" darauf hinweise, dass Jingles nicht länger als 30 bis maximal 40 Sekunden lang sein sollten, was auf der Erfahrung von einhundert Jahren Radio weltweit (seit 1923 in Deutschland) basiert. In einen Jingle gehören, was, wann, wo, Kontakt, mehr nicht. ... für den OKbeat hab ich den Text dann noch einmal nachgeschliffen.

Es gibt ja immer wieder viele gute Radio-Kollegen, gerade bei den oft nicht ganz so professionellen sogenannten Freien Radios, die es bei der Produktion ihrer Veranstaltungs- oder Sendungs-Jingles es mit dem geneigten Hörer gut meinen zu müssen und die dann ganze Wagner-Opern als Jingles produzieren.

Jingles sollten nicht länger als maximal 30 sec lang sein. Das macht man schon seit hundert Jahren so, als Jingles noch gar nicht Jingles hießen.

Nun bin ich 'n absoluter Gegner von durchgängig stromlinienförmigem Radio, aber wenn man nicht in der komplett leeren Kirche predigen will, sollte man sich im eigenen Interesse an ein paar Regeln halten.

Diese Regeln sind bei Jingles diese maximal 30 sec, und beim Musikbett, also der Hintergrundmusik, dass man da keinen Gesang, keine Bläser, keine Gitarrensoli einsetzt.

Hier jetzt ein Beispiel, wie man einen Jingle NICHT macht:

Musikbett: Main-Title "die glorreichen Sieben"

Ja, ... ähm ... hier ist der Martin ... nein, Entschuldigung ... hier ist der Rolf jetzt ... und da wollte ich mal so eben einen Jingle machen, ... weil ich so gar keine Lesung hab. Also darum so hab ich auch so keine Termine und so. ... Aber ich bin halt der Rolf, ... nicht wahr ... und da wollte ich euch mal in einem Jingle, wie man einen Jingle so nicht macht so, so einfach so sagen nicht ... dass ich der Rolf bin und gerade keine Lesungen mache.

Aber ich hab so auch schon so solche Bücher veröffentlicht ... die kann man sogar auf meiner Webseite nachlesen und so ... und die sind da wohl sogar auch verklingt ... ähm ... verlinkt ... und in einem der folgenden Bücher, die ich so im nächsten Jahr herausbringen werde, da steht so, wie man so Jingles also auf gar keinen Fall so macht.

... Das steht da und das kann man da so nachlesen in einem der nächsten Bücher von mir und diesen Text hier auch und so. ... Das wollte ich euch mal in diesem Jingle hier so sagen, nicht ... ja, das sagt der Rolf

... und ach ja, meine Webseite, ... meine Webseite die heißt rolfgaensrich.wordpress.com

... mit einem A-E geschrieben und einem -com am Ende. ... ja ... euer Rolf

*

Nachdem ich ja jetzt eine Woche lang auf die BVG angewiesen war, bin ich sehr erschreckt darüber, wie wenig Leute in Bus und Bahn ihre Maske tragen!

Für mich ist Freiheit, wenn ich mich so bewege, dass ich andere nicht gefährde.

*

Nachruf auf den Tod von Jerry Lee Lewis am 28.10.2022, *geschrieben am 31.10.2022, ausgestrahlt in Pommes rot weiß am 1.11.2022 auf Rockradio. Unter dem Titel „die wichtigsten Rock'n Roller der Anfangszeit" im OKbeat am 22.12.2022 gesendet.*

Ich würde Jerry Lee Lewis sicher nicht unter die Top 5, wohl aber noch, gerade so unter die Top 10 der wichtigsten Rock'n Roller einordnen.

Hier also meine Liste:

1. Chuck Berry – als der Erfinder des Rock und des Rock'n Roll – aus R&B, Soul, Blues, Country&Western und Bebop schuf er Neues

2. Bill Haley – als der, der den Rock für Weiße hörbar und damit kommerziell und von der Reichweite her erfolgreich gemacht hat ... aber Bill Haley war mit damals bereits dreißig Jahren schon relativ alt, er war dick und hatte 'ne Halbglatze und war damit, rein äußerlich, wenig attraktiv für junge, weibliche Fans und damit für Hörerscharen, die seine Platten hätten kaufen können. Deshalb musste ...

3. Elvis Presley her – jung, dynamisch, gut aussehend ... aber das ist das Einzige, was ich Elvis zugestehe, denn Innovationen hat er nicht in die Musik eingebracht, er hat keinen seiner Hits selbst geschrieben oder arrangiert

4. Buddy Holly – was für den Jazz die typische Besetzung mit Schlagzeug, Zupfbass, Klavier und Gesang oder Blasinstrument ist, hat Buddy Holly für die Rock- und Popmusik angepasst. Von Buddy Holly stammt die typische Besetzung von Rock-Bands mit Drums, Bass, Lead- und Rythmusgitarre, Gesang und Background ... er hat den größten Teil seiner Stücke selbst geschrieben und oder arrangiert und wird bis heute Gecovert

5. Little Richard ... auch der schrieb seine Stücke selbst, verzeichnet unter seinem bürgerlichen Namen Richard

Penniemann, und auch er hatte, wie Buddy Holly und Chuck Berry Einfluss auf nachfolgende Generationen von Musikern – außerdem war er der zweite Große, der das Piano im Rock einsetzte

6. Fats Domino – er führte 1954 das Piano in die Rockmusik ein

7. Carl Perkins – beeinflusste nachfolgende Musikergenerationen durch eine Vielzahl eigener Songs

8. die Beatles – übernahmen das Beste des Rock, des Rock'n Roll der 50er Jahre und importierten dies erfolgreich in die 60er Jahre und reicherten die Rock- und Popmusik um Elemente aus der Klassik, aus dem Soul, Blues, Tamla-Motown, Jazz, Weltmusik, Reggae und viele anderen Elementen an, sie revolutionierten die Aufnahmetechniken und sie gaben die ersten Konzerte in großen Stadien.

9. John Lennon – er sorgte 1975 mit seinem Rock'n Roll Album für ein Revival des Rock'n Roll, beeinflusste damit viele andere und auch nachfolgende Generationen und sorgte für ein Come Back von Leuten wie Chuck Berry, Jerry Lee Lewis, Carl Perkins und anderen

10. Jerry Lee Lewis ... war der letzte alte echte Rock'n Roller aus den 50er Jahren.

Das Piano hat Jerry Lee Lewis nicht in den Rock'n Roll eingeführt. Andere musikalische Neuerungen leider auch nicht. Seine großen Hits hat er nicht selbst geschrieben. Aber er machte zumindest eine geniale Show. Also was bleibt?
Er war der letzte große Rock'n Roller.

Das typische Rock'n Roll Piano, von ihm erstmals 1957 eingesetzt, hatten vorher bereits 1954 Fats Domino (I want to walk you home 1959) und 1955 Little Richard (tutti frutti 1955) eingesetzt und das an sich klassischste Pianostück im Rock'n Roll kam ein Jahr später, 1958, von Danny and the Juniors

Ja, diese Liste war jetzt unvollständig und sicher auch etwas subjektiv.

*

Mühlenkiez - Mobilität, Gewerbe und Historie
aufgeschrieben vom 22. - 25. 11. 2022

Telefone zu DDR-Zeiten:
In jedem Hausaufgang gab es durchschnittlich ein oder zwei Anschlüsse. Telefon bekamen Menschen die in irgendeiner Form wichtig waren. Jemand aus der HGL (Haus-Gewerkschafts-Leitung) hatte meist einen Anschluss oder der, der das Hausbuch führte, der war auch oft, nicht immer, I.M. - inoffizieller Mitarbeiter – der Stasi, Ärzte hatten privat Telefon, wichtige freischaffende Künstler, Abteilungsleiter in den Betrieben wie ich, Leute auf hohen gesellschaftlichen Posten oder man hatte, wie meine Eltern, Beziehungen zu jemanden von der Telefonvergabestelle (Mutterns beste Freundin aus Kinderetagen).

Öffentliche Telefonzellen gab es unter anderem in der Post – Thomas-Mann/Greifswalder (2 Stück), Naugarder / Greifswalder (2), vermutlich Einstein- / Kniprode, Greifswalder/Michelangelo und insgesamt an jeder großen Straßenkreuzung

Jeder Laden, Schule, Kita usw. hatte mindestens einen Anschluss und die waren verpflichtet, auch Notrufe für Privatpersonen (für Feuerwehr, Polizei) abzusetzen.

Die HO-Kaufhalle und die genannte Post hatten obendrein noch einen echten Fernschreiber (mit Lochstreifen – Schreibmaschinentastatur - Übermittlung per Draht oder Funk automatisch im Morse-Code – automatische Umwandlung beim Empfänger in einen lesbaren Textstreifen) - Telegramm

Öffentlicher Personen-Nahverkehr[5] im und am Mühlenkiez

lt. Fahrplan vom 16. Mai 1939
Straßenbahn Linie 60 – Weißensee Rennbahnstraße (Pasedagplatz) – Greifswalder – Alex – Schöneberg Dominicusssstraße
Straßenbahn Linie 62 – Betriebshof Weißensee – Greifswalder – Alex - Potsdamer Platz – Joachimsthaler Str. – Kaiserdamm / Königin-Elisabeth-Str. (Wilmersdorf)
Straßenbahn Linie 63 – Weißensee Buschallee – Greifswalder – Friedenstraße – Schillingbrücke - Britz Mariendorfer Allee
Straßenbahn Linie 74 – Kniprode/Elbinger (heute Danziger) Str. - Alex – Lichterfelde Finckensteinallee
Straßenbahn Linie 174 – Kniprode / Elbinger – Steglitz Birkbusch/Siemensstraße

---

5   Quelle: Berliner Linienchronik im Internet

Bus Linie 8 – Weißensee Antonplatz – Greifswalder – Alex – Wilmersdorf Kaiserplatz
Bus Linie 14 – Weißensee Feldtmannstr. - Greifswalder – Alex – Schöneberg Rudolf-Wilde-Platz / Martin-Luther-Str.

S-Bahn Zuggruppe A – Ring - mit Kopf machen am Potsdamer Ringbahnhof (der lag direkt neben dem Anhalter Bahnhof am Potsdamer Platz – die Züge fuhren über die sogenannte Cheruskerkurve – von Papestraße / Südkreuz über Kolonnenstraße, heute Julius-Leber-Brücke, zum Potsdamer Ringbahnhof – machten dort Kopf und fuhren wieder zurück über Kolonnenstraße und dann erst zum Bf. Schöneberg zurück auf den Ring – die Cherusker-kurve wurde bei einem Bombenangriff 1944 zerstört – erst von da an fuhr die S-Bahn als "Vollring")
S-Bahn Zuggruppe F – Friedrichhagen – Alex – Charlottenburg – Jungfernheide – Ostring – Spindlersfeld (die Kurve von Charlottenburg nach Witzleben gibt's nicht mehr)

lt. Fahrplan vom 1. Juli 1947
Straßenbahn Linie 74 – Weißensee Rennbahnstraße (Pasedagplatz) – Greifswalder – Alex – Lichterfelde Finckensteinallee

S-Bahn Zuggruppe A – Vollring

Lt. Fahrplan vom 1. Mai 1971
Straßenbahn Linie 17 – Kniprode / Dimitroffstr (Danziger) – Johannisthal Haeckelstr.
Straßenbahn Linie 19 – Kniprode / Dimitroffstr – S-Bf. Köpenick
Straßenbahn Linie 73 – Weißensee Pasedagplatz – Greifswalder – Walter-Ulbricht-Stadion (Später Stadion der Weltjugend) (Strecke ab Invaliden/Chausseestr. - am

67

heutigen Hauptquartier des BND vorbei bis zur Endhaltestelle Schwartzkopfstr / Pflugstr. ist seit Dezember 2009 außer Betrieb)

Straßenbahn Linie 74 – Weißensee Betriebshof – Greifswalder – Landsberger Allee – Oderbruchstraße – Alt Hohenschönhausen – Hohenschönhausen Dorfkern (Wartenberger Straße)

Straßenbahn Linie 75 – Weißensee Betriebshof - Greifswalder – Hackescher Markt

Bus Linie 9 – Bötzowstr. / Kurische Str. (John-Scheer-Str) – Bötzowstr - Französische Str. - Unter den Linden (Pariser Platz)

Bus Linie 30 (ursprünglich O-Bus – ab 1972 normaler Bus) – Robert-Koch-Platz / Invalidenstr – Greifswalder – Kurische Str. (John-Scheer-Str) – Kniprodestr – Thorner Str. (Conrad-Blenkle-Str) – Ostbahnhof

Bus Linie 56 – Thornerstr./Dimitroffstr. - Leninallee (Landsberger Allee) – S-Bf. Leninallee – Storkower – Kniprode – Michelangelo – Hosemannstr – Grellstr – Prenzlauer Allee - Weißensee Feldtmannstr (ab Leninallee / Storkower wie heute Linie 156)

Bus Linie 57 – Kniprodestr / Kurische Str. - Am Friedrichhain – Karl-Liebknecht-Str. - Unter den Linden – Invalidenstr – Scharnhorststr.

S-Bahn Zuggruppe K – Oranienburg – Ostring – Flughafen Schönefeld

S-Bahn Zuggruppe N – Bernau – Ostring – Grünau (manchmal auch weiter bis Zeuthen)

S-Bahn Zuggruppe O – Buch – Ostring – Spindlersfeld

S-Bahn Zuggruppe L – Blankenburg – Ostring – Alexanderplatz

Lt. Fahrplan vom 1.4.1989

Straßenbahn Linie 24 – Weißensee Pasedagplatz – Greifswalder – Stadion der Weltjugend (siehe oben – ehemals Walter Ulbricht-Stadion)

Straßenbahn Linie 28 – Hohenschönhausen Zingster Str. - Greifswalder – Hackescher Markt

Straßenbahn Linie 58 - Falkenberg – Greifswalder – Hackescher Markt

Bus Linie 9 – John-Schehr/Bötzowstr – Bötzowstr – Französische Str – Unter den Linden (Pariser Platz)

Bus Linie 30 – Robert-Koch-Platz / Invalidenstr – Greifswalder – John-Schehr – Kniprodestr – Conrad-Blenkle – Hauptbahnhof (Ostbahnhof)

Linie 56 – S-Bf. Storkower Str. - Storkower – Josef-Orloppstr. - Vulkanstr. - Leninallee (Landsberger Allee) Storkower – weiter wie heute die Linie 156 – bis Weißensee Gehringstr.

Bus Linie 57 – Arthur-Becker/Hans-Eisler-Str. (heute ist das die Endhaltestelle "Michelangelostraße / Prenzlauer Berg) – wie die heutige Linie 200 – ab Unter den Linden / Friedrichstraße – Bf. Friedrichstraße – Invalidenstr - Scharnhorststr

Bus Linie 57 E – Einsetzer ab Conrad-Blenkle-Str – Scharnhorststr

S-Bahn Zuggruppe K – Oranienburg – Ostring – Flughafen Schönefeld

S-Bahn Zuggruppe N – Bernau – Ostring - Zeuthen (Grünau)

S-Bahn Zuggruppe O – Blankenburg – Ostring – Spindlersfeld

S-Bahn Zuggruppe L – Buch – Ostring – Warschauer Straße

S-Bahn Zuggruppe U – Buch – Ostring – Spindlersfeld

Anmerkung zur S-Bahn

Obwohl der Ring ab Mauerbau am 13. August 1961 nicht mehr durchgängig befahrbar war (logisch – er war zwischen dem Ost und den Westsektoren getrennt) tauchten auf der Monatskarte für die S-Bahn noch immer solch exotische Bezeichnungen wie "Ostring" oder "Stadtbahn Ost ab Friedrichstraße" oder so auf. Bei der S-Bahn wurden die Monatskarten nach gefahrenen Kilometern berechnet. Die Monatskarte "S-Bahn Ostring – Greifswalder Straße – Leninallee (heute Landsberger Allee)" kostete mich für den ganzen Monat nur 2,70 Mark – aber auch nur für dieses kurze Stück. Jede weitere einzelne Fahrt kostete zwanzig Pfennige.

Bei der S-Bahn wurden bei der Deutschen Reichsbahn erst ab dem Fahrplanwechsel am 2. Juni 1991 die für Berlin allgemein gültigen Linienbezeichnungen, vorher von der BVG erdacht, durchgesetzt. Die BVG übernahm die S-Bahn in Westberlin am 1. Januar 1984 und führte ab 1.5.84 die Liniennummernbezeichnungen ein. Die Zuggruppenbezeichnung der S-Bahnlinien bei der Deutschen Reichsbahn hatten nur für die Zugabfertigung und Reichsbahnintern Bedeutung. Wer allerdings die Augen offen hatte, sah im Frontfenster beim Zugführer immer die Zuggruppe angezeigt und konnte dann eins und eins zusammenzählen – K war halt die Zeichnung für die Linie Oranienburg bis Flughafen Schönefeld. Interessanter Weise hatten die U-Bahnen ursprünglich auch Buchstaben anstatt Ziffern als Linienbezeichnungen. Die heutige U 2 war die A II , die U 5 die E. Erst mit dem Fahrplanwechsel am 1. Juni 1991 wurden auch die Ost-Berliner U-Bahnen ins Ziffernsystem der BVG eingegliedert. Das Bezifferte U-Bahn-Liniensystem wurde in Westberlin ab dem Fahrplan-wechsel vom 1.5.1966 eingeführt, davor waren es in Westberlin die Linien AI, AII, BI, BII, BIII für das Schmalprofilnetz (U1 -

U4), C I, CII, D und G für Teile der U6, U 7 und U 8 – die U9 war da noch komplett im Bau

Die Taxi-Haltestelle an der Greifswalder / Naugarder gibt's auch schon so lang ich denken kann

Betriebe und Gaststätten in der Storkower Str. / Mühlenkiez
Storkower Str. – gegenüber vom Blank-Platz – heute Waschhaus – müsste dereinst eine kleine HO-Kaufhalle gewesen sein mit maximal 250m² – 300 m² – so wie auch die heutige Gaststätte Pieskower Lounge eine gewesen sein muss – da gab es eine TGL (Technische Güte und Leistungsnorm – DDR-Pedant zur DIN), wonach auf soundsoviele Wohnungen soundsoviele m² Verkaufsfläche im Einzelhandel vorhanden sein müssen – diese beiden kleinen Kaufhallen wurden geschlossen, als die an der Storkower / Greifswalder Mitte der 1970er eröffnet wurde.
HO-Kaufhalle Storkower Str. / Greifswalder – Eröffnungsjahr unklar – 1977 bestand sie schon – vermutlich 1973 oder 1974 eröffnet – war ab 1991 ein KAISER'S und ist heute Edeka – bis 30.6.1990 HO WtB (Handels-Organisation Warten täglicher Bedarf) mit vier Schichten in der Warenannahme die rund um die Uhr und jeden Tag besetzt war, etwa 84 Voll- und Teilzeitstellen, zwei Schichten im Verkauf, eigener Kantine mit zwei Mitarbeitern die selbst gekocht hat, 1800 m² Verkaufsfläche, 16 Kassenplätze, eigene Stände mit Bedienung für Wurst, Fleisch, Käse, Backwaren (Torten), Kosmetik und temporären Ständen für Obst-Gemüse für Sonderverkäufe (Erdbeeren, Weintrauben, Melonen, spanische Orangen, Tomaten, erste Salatgurken, Pfirsiche) und eigener Stand mit eigener Kasse im Eingangsbereich für Tabak, Zigaretten, Kaffee (125 g für 8,75 Mark), Kakao, Damenstrumpfhosen, hochwertige Schokolade und Pralinen.
HO-Kaufhalle Arthur-Becker-Str. (Kniprodestr) – heutige

Kulturmarkthalle – gleicher Aufbau, aber nur 12 oder 14 Kassenplätze und nur 1200 m², kein Extrastand für Kosmetik – eröffnet 1987 - oft gab es in diesen Kaufhallen eine sogenannte "Schnellkasse" wo man sich anstellen konnte, wenn man nicht mehr als fünf Artikel im Einkaufswagen hatte – es gab kein Förderband an der Kasse, sondern es wurde nach der sogenannten "Wechselkorbmethode" gearbeitet – also die Kassenkraft nahm beim kassieren jedes Stück aus dem Korb des Kunden in die Hand und legte es in einen danebenstehenden leeren Korb, den der Kunde dann übernahm, dessen dann leerer Korb wurde dann für den folgenden Kunden als Wechselkorb genommen – ich kann Euch das mal vorführen! Da es nicht das System mit dem Pfand-Euro an der Einkaufwagenstange gab, konnte man das machen. Das hatte aber den Nachteil, dass die Kunden die Wagen nicht ordentlich abstellten, sondern irgendwo im Eingangsbereich einfach wild stehen ließen, was regelmäßig zu Unordnung führte.

Kneipen gab es in jedem Punkthochhaus

Dort wo heute das Mühlenbergcenter steht, gab es die Clubgaststätte "zur Mühle". Zu diesen Clubgaststätten gehörte eine urige Kneipe mit dahinter liegender Kegelbahn, eine Gaststätte für den gehobenen Bereich, die auch regelmäßig Tanzveranstaltungen anbieten mussten, eine Terrasse vor beiden Lokalen und manchmal auch noch ein Softeisstand.

Dort wo heute DM und Alnatura ist, stand einst ein Dienstleistungswürfel mit Postfiliale, Reinigung und Laufmaschenservice für Damenstrümpfe, ein Blumenladen und eine Gewerbeeinheit mit einem Scherenschleifer, der auch Schlüssel fertigte und Schuhe reparierte. Oben gab es einen Jugendclub (der ja heute umgezogen ist hinter die Schwimmhalle) der FDJ, die auch regelmäßig Disco machten.

Mühlen gab es im Mühlenkiez nie – siehe hinten. Die Kita in der Storkower Straße, vor ein paar Jahren abgerissen, soll speziell für Kinder, deren Eltern beim Rundfunk- und / oder Fernsehen der DDR arbeiteten, gewesen sein. Was aber unlogisch wäre, weil zu weit abgelegen vom nächsten ÖPNV.

Die Güterabfertigung für das Betonwerk am S-Bf. Greifswalder ist einer von nur noch drei Güterbahnhöfen an der Ringbahn. Der andere ist der Großmarkt Beusselstraße und die Kaffeerösterei in Neukölln (Eduscho / Tchibo). Das Betonwerk wird durch die EGP, Eisenbahngesellschaft Potsdam, Firmensitz ist in der Storkower Straße fast gegenüber vom Kaufland, befahren.

Der Kohlenhändler ist einer der letzten seiner Art in ganz Berlin. Nur noch ein Zwei-Mann-Betrieb, wo früher einst fünfundzwanzig arbeiteten. In Berlin gibt's bis heute wegen der winzigen Keller die sogenannte "Stapelpflicht" der Kohlenhändler in den Kellern der Privathaushalte.

Gegenüber des Areals, auf dem heutigen Gelände des Thälmannparks existierte bis 1982 die städtische Gasanstalt, bei der aus Kohle Stadtgas hergestellt, "verkokt", wurde. Außerdem gab es eine separate Abfertigung für Stückgut. Diese Gebäude stehen noch heute und sind Teil des Areals das der Investor Gerome gekauft hat und bebauen will.

Direkt am S-Bf gibt es noch vierzehn Kleingartenparzellen, die wie die sechs Parzellen an der Preußstraße, jeweils eigene Kleingartenvereine innerhalb des Gesamtverbandes am Prenzlauer Berg darstellen.

Zwischen der Reichsgründung 1871 und dem ersten Jahrzehnt des 20. Jahrhunderts war der überwiegende Teil des Landes der Stadt Berlin zwischen Ringbahn / Prenzlauer Allee bis zum "Steuerhaus" Landsberger Allee / Oderbruchstraße und weiter auf Lichtenberger / Marzahner Gebiet bis zur Storkower / Josef-Orloppstr., nach Gründung Groß-Berlins 1920 entlang der Landsberger Allee bis zum

Dorfkern Marzahn komplett voller Kleingartenparzellen. Die Verpachtung an Kleingärtner brachte der Stadt finanziell mehr ein, als das Verpachten an Bauern. Außerdem waren diese Gärten für die Selbstversorgung der Städter wichtig. Sie sollten dann verschwinden, wenn die Stadt diese Gebiete für Wohnungsbau bräuchte. So sind die Kleingärten im Mühlenkiez ab etwa 1956 verschwunden.

U-Bahn nach Weißensee

Geplant bereits 1928/29 im Zuge der U-Bahn nach Friedrichsfelde (heute U5).

1930 schon fertiggestellt für die U-Bahn nach Weißensee: die Außenbahnsteige der U 5 am Alexanderplatz, die heute von der U 5 genutzte Strecke Alexanderplatz – Rotes Rathaus und ein etwa 150 m langer Tunnel Richtung Königstor (Greifswalder Str. / Friedenstraße / Straße Prenzlauer Berg). Der Bau war ab Anfang 1940er Jahre geplant. Die Strecke sollte zudem in Richtung West ab Alexanderplatz die Straßenbahnlinie 74 nach Lichterfelde ersetzen und im Osten bis etwa Feldtmannstr gehen. Geplanter Verlauf: Lichterfelde – Rathaus Steglitz – Rathaus Friedenau – Insbrucker Platz – Potsdamer Straße – Potsdamer Platz – Rotes Rathaus – Alexanderplatz – Königstor – Greifswalder – Antonplatz – Berliner Allee bis Feldtmannstr. Anfang der der 1940er Jahre nicht weiter gebaut wegen des Krieges.

Der fertige Tunnel der U-Bahn nach Weißensee zum Roten Rathaus wurde in den nächsten Jahrzehnten als Kehr- und Abstellanlage für die U 5 genutzt und schließlich bei der Verlängerung der U5 zum Hauptbahnhof Teil dieser Strecke, wobei die Verlängerung in Westrichtung bis mindestens Rathaus Steglitz noch nicht vom Tisch ist.

Die DDR nahm in den 1970ern die Planungen für den Abschnitt Alexanderplatz – Weißensee wieder auf und machte Probebohrungen bis Greifswalder / Danziger Straße.

Der Fußgängertunnel am S-Bf. Greifswalder wurde nicht nur als Zugang zur Straßenbahnhaltestelleninsel gebaut, sondern er sollte langfristig auch als Zugang zum künftigen U-Bahnhof am S-Bf Greifswalder Straße dienen.

Die Strecke war geplant: unterirdisch bis Greifswalder / Danziger ... dann gab es zwei Varianten, eine ebenerdig bis zur Anton-Saefkow-Straße oder Variante zwei weiter unterirdisch. Die Ringbahn musste in jedem Fall unterirdisch gekreuzt werden. Wobei man da noch unter dem begehbaren Regenwasserkanal der aus der Naugarder Straße vom Regenwasserpumpwerk an der Erich-Weinert-Straße kommt, drunter durch musste. Ab Storkower Str. bis zur Gürtelstraße war die U-Bahn ebenerdig geplant. Weiter sollte es von dort im Tunnel bis zur Feldtmannstr gehen. Dann weiter in einem offenen Trog oder ebenerdig bis zur Sellheimbrücke an der Karower Chaussee. Dort sollte ein neuer S-Bahnhof entstehen, der die S-Bahn von Wartenberg über den Außenring bei Malchow, weiter über den neuen Bahnhof Karower Kreuz bis Mühlenbeck/Mönchmühle und weiter bis Birkenwerder verbinden sollte. Auch diese S-Bahnverbindung ist noch nicht vom Tisch

Der Bau U-Bahn nach Weißensee sollte Mitte der 1990er beginnen.

In Westberlin plante man separat ab den 1970ern den Westabschnitt der U-Bahn nach Weißensee und ging schon mal in Bauvorleistung. Der U-Bahnhof Rathaus Steglitz und die Abstellanlage dafür sind Teile dieser, hier U 10 genannten Linie und wird heute von der U 9 genutzt. Einer der beiden Tunnel, die heute die U 9 nutzt, vom Rathaus Steglitz bis zum Walter-Schreiber-Platz ist für die U 10. Am Insbrucker Platz sind gleichfalls bereits 150 m Tunnel für die U 10 in den 1970ern gebaut.

Der aktuelle Stand: noch immer werden für die Baustelleneinrichtungen der künftigen U-Bahn nach Weißensee, die nun offiziell U 10 heißt, die Flächen vor den

Hochhäusern in der Greifswalder bis zur Thomas-Mann-Straße und vor dem Bürohaus gegenüber vom Thälmannpark vorgehalten. Wohin die U-Bahn dann hinter Weißensee führt, ist noch unklar. Die Planungen sollen für diesen Zweig ab 2030 wieder beginnen. In den Flächennutzungsplänen ist weiterhin die Verlängerung nach Westen bis Lichterfelde vorgesehen. Aber wann die kommt ... ...

ÖPNV aktueller Stand
Straßenbahn Linie M4 – Falkenberg / Hohenschönhausen Zingster Straße – Hackescher Markt – perspektivische Verlängerung über Rotes Rathaus bis Lichterfelde – Parallel zur geplanten U 10

Bus Linie 156 S-Bf Storkower Straße / Michelangelostraße – Stadion Buschallee
Bus Linie 158 Michelangelostraße – S-Bf. Buch
Bus Linie 200 – Michelangelostraße - Zoo

S-Bahn Linie 41 + 42 – Vollring
S-Bahn Linie 8 – Birkenwerder – Ostring - Grünau / Zeuthen
S-Bahn Linie 85 – Bf Pankow - Ostring – Schöneweide

Fernbahn – seit der Eröffnung des BER 2020 fährt mit dem FEX erstmals Fernbahn getaktet über den Ostring mit Halt in Gesundbrunnen und Ostkreuz

Taxistand Naugarder / Greifswalder

Perspektivisch:
Verlängerung Straßenbahn M 4 bis Lichterfelde
U-Bahn nach Weißensee
Straßenbahn M 13 oder eine neue Linie ab Wisbyer Str /

Prenzlauer Allee – Ostseestraße – Michelangelostraße ... ab hier mehrere Varianten. Variante 1 – weiter durch die Kleingärten, hinter dem jüdischen Friedhof bis zur Brauerei Indira-Gandhi-Str / Weißenseer Weg ... Variante 2 – Kniprodestr – Kniprodebrücke – Danziger Straße (perspektivisch weiter über Am Friedrichshain bis Königstor) ... Variante 3 – Kniprodestraße – Storkower Str. - Landsberger Allee

der Radweg
Angelegt angeblich bereits in den 1930er Jahren. Durch den zunehmenden Straßenverkehr waren die Radler meist ungeschützt ... allerdings den Radweg so schmal direkt neben dem Fußweg zu führen und dabei ihn auch Ausfahrten die kopfsteingepflastert waren, kreuzen zu lassen, war nicht wirklich ideal. Aber bis Mitte der 1990er Jahre war er halt so und lief so von der Landsberger bis zur Prenzlauer Allee über Storkower und Grellstraße.
Ein Unding hatte man mit dem Radweg in der Ostseestraße und Wisbyer Straße gemacht. Da hatte man man den Radweg nicht rechts neben den Fahrbahnen, links neben den Fußweg, sondern links neben die Fahrbahn direkt rechts neben den Mittelstreifen gelegt.
Notwendig war der Radweg, denn die Storkower und Grellstraße galten als "Schlachter- oder Schlächter-AVUS". Die Gesellen der ganzen Fleischereien am Prenzlauer Berg, Pankow und Wedding nutzten die von und zum Zentralviehhof (heute irrtümlich als "alter Schlachthof" bezeichnet) um auf ihr die von ihren Chefs ersteigerten Schweinehälften zu sich ins Geschäft zu fahren. Damals war die Motorisierung noch nicht so weit fortgeschritten wie heute, weshalb sich viele Betriebe ihr eigenes Pferdefuhrwerk mit den entsprechenden Zugtieren hielten. Oft waren das abgehalfterte Pferde von der Trabrennbahn Mariendorf oder Karlshorst, die bei den Schlächtern noch

ihr Gnadenbrot fristeten. Die Fleischergesellen fuhren deshalb hin und wieder illegale Rennen von und zum Zentralviehhof, um zu zeigen, was da noch in den Gäulen steckte.

Mitte der 1990er wurde der Radweg auf die Fahrbahn verlegt.

Perspektivisch soll er ab dem nächsten Jahr in der Storkower, so wie gerade jetzt in der Grellstraße, mit grünem Asphalt versehen und und umgebaut werden. Dabei sollen auch Parktaschen für Lieferverkehr entstehen. .... entlang der ganzen Storkower bis hoch zur Möllendorfstraße

Der Schwarze Weg

Die Kniprodebrücke war bis zu ihrer Fertigstellung 1979 nur eine Fußgängerbrücke die "schwarze Brücke" hieß.

Es soll einen sogenannten Schwarzen Weg quer durch die Kleingärten des Mühlenkiez gegeben haben.

Die Orankestraße in Hohenschönhausen endet kurz hinter dem Friedhofsweg und der gegenüberliegenden Einfahrt zum Orankesee und geht dann über in den Orankeweg. Diesen Orankeweg kenne ich als "Schwarzer Weg", der bis zur Indira-Gandhi-Str durchgeht. Gut möglich, dass der hinter dem jüdischen Friedhof durchging bis zum "Verlorenen Weg" und weiter bis zur Schwarzen Brücke an der Kniprodestraße.

Übrigens hieß die Hansastraße zwischen Falkenberger Straße, der Kreuzung Buschallee und dann nochmal bis auf halber Höhe zum Orankeweg bis zum Bau der Hansastraße ebenfalls Kniprodestraße

Historie

Die letzte Eiszeit endete vor etwa 10.000 Jahren. Größere Eisbrocken blieben noch weitere vier- bis fünfhundert Jahre erhalten – der See in Weißensee mit seinen drum herum liegenden Tümpeln entstand so, genauso wie der Faule See in Hohenschönhausen.

Das Eisschild das aus Norden kommend etwa bis zur Friedenstraße / Straße Prenzlauer Berg, Metzer Straße reichte, war im Sommer rund 3.300 Meter, im Winter bis 3.800 Meter hoch (tatsächlich dreieinhalb bis fast vier Kilometer)!

Der weltweite Meeresspiegel lag in manchen Zeiten etwa 130 m – 150 m, teilweise bis 250 m unter dem heutigen Niveau, so dass die Meerenge von Gibraltar geschlossen war und Mittelmeer und Schwarzes Meer sogar austrockneten (bis auf wenige sehr salzige Lachen). Der Mittelatlantische Rücken war zum Teil eine Inselkette.

Die Greifswalder Straße liegt in einer sogenannten "glazialen Rinne". Unter dem kilometerdicken Eispanzer bildete sich Schmelzwasser, das seine Fluten in das Berlin-Warschauer-Urstromtal ergoss. Weitere dieser glazialen Rinnen sind das Panketal und der nördliche Teil der Havel etwa bis zur Spreemündung

Die Spree, ab Spandau die Havel, ab Havelberg die Elbe fließen in diesem Urstromtal

Der Strom in diesem Berlin-Warschauer-Urstromtal war in Berlin etwa fünf bis sechs Kilometer breit und durchschnitt eine Ebene, die in der vorhergehenden Kaltzeit entstanden war und bei der die Gletscher bis zur Saale reichten. Die das Berliner Urstromtal flankierenden Hügel und einen Teil der in den Fluten entstanden Inseln nennt man heute Kreuzberg und Schöneberg südlich des Stroms, Prenzlauer Berg, Lichtenberg und Hohenschönhausen nördlich davon.

Das heißt, die Greifswalder Straße war immer ein Modderloch ... und das ist sie im Untergrund noch heute. Alle umgebenden Straßen neigen sich zur Greifswalder hin.

Albrecht der Bär (Albrecht I) eroberte ab 1150 die spätere Mark Brandenburg und besiedelte sie. Wobei auch einige einst slawische Dörfer samt Einwohnern schlicht übernommen wurden. Das sieht man an der "ow"-Endung im Ortsnamen, wie Spandau (ursprünglich Spandow), Malchow, Pankow, Karow usw. Die Doppelstadt Cölln-Berlin war z.B. eine Neugründung. Ihre Feldmark reichte im Osten etwa bis zur Gürtelstraße – Lehderstraße. Reste der Stadtmauer von 1250 findet man in Mitte neben der ältesten Gaststätte Berlins "Zur letzten Instanz", nur wenige Schritte vom U-Bf Klosterstraße entfernt.

Feldmark hieß: hier durften die Cölln-Berliner-Bürger in den Wäldern ihr Brennholz sammeln, sie durften Fischen und ihre Tiere (Schafe, Ziegen) weiden lassen. Die Feldmark gehörte der Stadt und war Allgemeingut.

Die Äcker der Bürger schlossen sich unmittelbar an die Stadtmauer an. Das war ursprünglich die schon genannte. Später war es eine, die entlang der Straße Prenzlauer Berg, Torstraße, Friedenstraße verlief. Mühlen im heutigen Mühlenkiez aufzustellen machte deshalb wenig Sinn, denn die Äcker wären zu weit davon entfernt. Die Berliner Mühlen standen an der Müllerstraße im Wedding, am Weinbergsweg, an der Straße Prenzlauer Berg und an der Saarbrücker Straße. Die Mühlen lagen am Weinbergsweg und am Prenzlauer Berg zwischen den Weinstöcken, die auf diesen in Richtung Südwest geneigten Hängen oft gute Sonne hatten. Außerdem wurde für einige Berliner Mühlen die Wasserkraft der Spree genutzt, in dem man einen der Spreearme durch einen Damm, den Mühlendamm, sperrte.

Weil es entlang der heutigen Greifswalder Straße schlammig und moorig war, ist davon auszugehen, dass ringsum eh nur Schilf, Weiden, Pappeln und Feuchtwiesen existierten. Auch ist anzunehmen, dass mindestens im Frühjahr in der Schneeschmelze, wenn nicht gar das ganze Jahr hindurch kleine Weiher sich von Weißensee bis zum Königstor in diesem kleinen Tal entlang schlängelten. Stellen wir uns jetzt einen Bauern vor, der um das Jahr 1450 oder 1750 von Weißensee nach Berlin-Cölln will. Würde der sich entlang dieses Tals bewegen? Seine Bastschuhe würden im Sommer dort aufweichen, im Winter durch das Eis zerschnitten. Liefe er Barfuß, wäre es im Sommer sicher leicht federnd und am Schilf würde er sich die Fußsohlen zerschneiden. Im Winter würde er sich an den vorhandenen Eisrändern die Fußsohlen zerschneiden. Im Sommer würde es vor Mücken im Tal nur so wimmeln, im Winter wäre das Tal noch kälter als die Umgebung. Also würde dieser Bauer vermutlich einen Weg etwas oberhalb dieses Tals wählen. Ich persönlich glaube, dass die heutige Berliner Allee und Greifswalder Straße deshalb etwa ab der Kirche in Weißensee direkt zwischen dem See und den Tümpeln bis zum Pistoriusplatz verlief, dann weiter etwa entlang der Roelkestr., Hosemannstr und Winsstraße bis zur Heinrich-Roller-Straße. Der große Meilenstein, den man vor einigen Jahren in der Marienburger Straße wiederentdeckt und auf dem Spielplatz "Marie" an historischer Stelle wieder aufgebaut hat, zeugt davon. Der Verlauf der Greifswalder Str. und Berliner Allee wurden meiner Meinung nach erst mit dem Bau der Ringbahn 1869 verändert. Wobei der damalige Bahnhof 1872 ursprünglich auf der anderen Seite der Straße mit Zugang zur Hosemannstraße errichtet wurde. Ich nehme an, dass es zum Zeitpunkt der Planung der Ringbahn noch einen Tunnel von der Hosemannstr in Richtung Winsstraße in dieser frühen Planung gab. Durch den Bau der Gasanstalt ab 1872 wurde dieser Tunnel, so nehme ich an, nicht mehr errichtet und der Bahnhof schließlich gänzlich im Jahr 1899 auf die andere Seite der Greifswalder Straße verschoben. Dieser andere Verlauf der Greifswalder Straße ist aber nur eine Vermutung von mir. Ich war bei der NVA "der" "Vermesser" im "Stabsführungszug" der "Geschosswerfer Abteilung 1" und war dabei auch dafür zuständig, auf Grund von Geländetopographien, Wäldern, Flüsschen, Mooren usw. bei Truppenverlegungen während Gefechtsübungen den

Stabschef unserer Einheit bei der Verlegungsfahrstrecke zu beraten, immerhin durften sich die, wenn sie aufmunitioniert waren etwa vierzig Tonnen schweren, vierachsigen Fahrzeuge (moderne Stalinorgel mit je achtzig Geschossen – 40 zum gleich verschießen, 40 in einer Nachladeeinrichtung) nicht im Schlamm von Flüssen oder im weichen Waldboden festfahren. Daher beobachte ich Geländetopographien immer sehr genau und ziehe daraus meine Schlüsse.

Deshalb: es gab im Mühlenkiez niemals Mühlen. Auf der Weißenseer Feldmark, also hinter der Gürtelstraße indes schon. Die Mühlen in Berlin gehörten der Stadt und die Berliner durften ihr Korn nur in diesen mahlen, wobei es wohl nie mehr als insgesamt wohl zwanzig Bockwindmühlen gab

der Ringbahnhof hieß
ab 1872 Weißensee
ab 1946 Greifswalder Straße
ab April 1986 Ernst-Thälmann-Park
ab 1991 wieder Greifswalder Straße

weitere Anmerkungen
Der Name Königstor für die Ecke Greifswalder / Friedenstraße / Straße Prenzlauer Berg rührt daher, dass nach der Gründung Preußens und Erhebung des Brandenburger Markgrafen Friedrich III zum preußischen König Friedrich I am 18. Januar 1701 in Königsberg eben dieser erste preußische König, aus Königsberg kommend, seine Hauptstadt Berlin durch jenes Tor betrat. Berlin war vorher die Hauptstadt der Mark Brandenburg. Die Straße führte weiter am Alexanderplatz vorbei (die heutige Rathausstraße hieß ursprünglich Königstraße) bis zum Schloss.

Weil die Greifswalder Straße und die Berliner Allee zu DDR-Zeiten die "Protokollstrecke" war, wurden alle Ampeln vor Ort von Hand geschaltet und ein Linksabbiegen war von dieser Strecke aus nirgends möglich

*

Theaterstück als Baukasten
aufgeschrieben am 15.9.2022

- als Baukasten, um Szenen weg zu lassen
- Grundthema Kommunikation
- Good morning, good morning mit neuen gerappten Texteinschüben
- dear prudence mit neuem, deutschen Text
- eine Person, als Opa oder flippige Jugendliche, stolpert durch alle Szenen und bildet die Klammer
- eine Jobcenter-Szene oder Amts-Szene sollte für Mago mit dabei sein
- eine Tanzszene
- ein Schwerterkampf
- es sollte komödiantisch sein

*

... aus OKbeat 1054 vom 24.11.2022

Noch zwei Sätze zum Fußball: Welt- und Europameisterschaften im Winter finde ich grundsätzlich besser, als im Sommer, weil sie im Sommer mit dem Public Viewing immer mit meinem Geburtstag kollidieren. Bei der WM jetzt in Katar nervt mich, dass die FIFA unsere Rundfunkgebühren für die Fernsehübertragungen bekommt.

*

Ach ZDF, "Wetten dass ...?" mit Thomas Gottschalk ist ja, wenn man es zehn Jahre lang nicht mehr gesehen hat, Nostalgie pur und so schön anzuschauen, wie der "Schwarze Kanal" mit Karl-Eduard von Schnitzler im DDR-Fernsehen. Beides zum kotzen!

Das Konzept von "Wetten dass ...?" ist ja vom Prinzip her ziemlich genial. Aber anstatt die Sendung up zu cyclen, kleiner zu machen, wieder auf den Urkern, nämlich die Wetten, zu reduzieren, statt dessen bläst das ZDF die Show immer weiter auf.
Zwanzigtausend Leute im Saal, Gäste für deren einmalige Gagen man ein Jahr lang statt dessen gutes Programm produzieren könnte, Showbühnen die so riesig sind, dass man einen ganzen ICE-Zug dort längs hinstellen könnte. Gigantismus pur.

Also ich würde "Wetten dass ...?" alle vier Wochen mit einer Länge von je 45 min zehn mal im Jahr aus je einer anderen Berliner Kneipe mit Lokalgrößen als Wettpaten und regionalen Wetten produzieren.
... Wetten dass ... das besser ankommt und billiger ist?

*

Parkplatznot *aufgeschrieben am 31.7./1.8./28.11.2022*
(DIE ERSTEN BEIDEN ZEILEN IMMER WIE SINGEND)

Parkplatznot
im Abendrot!

Neue Wohnungen? Klar! Brauchen wir doch und macht die Mieten billiger! Aber bitte nicht hier vor meiner Nase ... wo soll ich denn dann ... mit dem geliebten, gepflegten, gefütterten, gehätschelten ... wo soll ich dann mit Hugo hin?

Parkplatznot
im Abendrot!

Toll, hier in den hippen Prenzlauer Berg zu ziehen. Die ganzen Kneipen und die Geschäftigkeit überall und man bekommt sogar Nachts um halb eins noch 'n Döner und morgens um vier frische Äpfel und Tomaten und überall kann man feiern. Aber die Kneipe direkt in meinem Haus, das nervt dann schon, ... also nicht nur der Lärm, sondern auch der Gestank nach Zigarettenrauch und nach frischem Essen.

Parkplatznot
im Abendrot!

Prima, dass es hier am Prenzlauer Berg auch noch über zwölf Bäcker gibt. Frisches Bäckerbrot ist ja auch sowas von lecker. ... und erst die frischen Pfannkuchen! Aber ständig wabert über allem der Geruch nach ranzigem Öl, frischem Brot und kandiertem und verbranntem Zucker. Wenn an das täglich hat, nervt sowas von ...

Parkplatznot
im Abendrot!

Toll, ja die Elektromobilität und dass sich immer mehr Menschen einen Mietwagen nehmen oder am Carsharing teilnehmen. Dennoch sind ständig alle Parkplätze hier besetzt. Sogar am Tage!

Parkplatznot
im Abendrot!

Die BVG hat ihr Angebot ausgeweitet. Eine neue Buslinie hält jetzt direkt vor meiner Tür. Acht Parkplätze, auf jeder Straßenseite vier, mussten für die Haltestelle weichen. Mit dem neuen Bus käme ich jetzt sogar bis zur nächsten S-Bahn-Station. ... wenn die S-Bahn denn mal fährt ...

Parkplatznot
im Abendrot!

Achten sie bitte immer auf ihr Handgepäck und ihre Wohnungsschlüssel, wenn sie ihr Auto wo abstellen. ... wenn ... natürlich ist die Kriminalität in der Innenstadt größer und die Geldkarte würde ich deshalb nicht so offen hinter der Windschschutzschreibe kleben lassen und das Navi würde ich jeden Abend beim abstellen, wo auch immer, ausbauen und die vergoldeten Kondome gehören nicht offen auf die Hutablage ...

Parkplatznot
im Abendrot!

Oh, hab Husten und ein bisschen Fieber. Da gibt's doch sicher was von Ratiopharm oder 1 A Pharma oder von Hexal ... und die Apotheke mit dem Notdienst ist nicht weit, aber ich bin zu faul zum laufen ...

Parkplatznot
im Abendrot

Also wegen meiner zwei Schrippen, da kann ich mich ja
ruhig, so halb auf den Radfahrstreifen ... dann behindere ich
zwar Fahr- und Radbahn, aber keinen komplett.

Parkplatznot
im Abendrot!
Schlecht Wetter droht!

Seit wann ist diese Gegend denn hier
Parkraumbewirtschaftet? ... und vor allem, seit wann
kontrollieren sie denn das hier überhaupt? ... Ich steh hier
doch gerade erst seit ... seit ... 'ne Minute, ... nein, ich steh
doch gar nicht, ich fahr doch weiter, ... ich fahr bis umme
Ecke ... bis Bernau, bis Zepernick bei Bernau, dann da gibt's
'n kostenlosen Parkplatz, direkt hinter dem Gewerbegebiet,
kurz vor der A 10 ...

Politesse droht
Parkplatznot
im Abendrot
... und du stehst im Hundekot ...

... nochmal Glück gehabt!

*

... für OKbeat 1055 vom 1.12.2022 ... aber nie gesendet! ...
Schön, dass die Grundsicherung ab Januar um fuffzig Euro
steigt. Nach Abzug der angehobenen Strompreise durch
meinen Anbieter für ab Januar um 46 Euro bleiben mir ja
dann doch glatt noch vier Euro davon übrig.
Also eigentlich könnte man die Grundsicherungserhöhung
dann auch gleich an die Energieversorger durchreichen!

Mal noch ein Satz zu den klebrigen Klimaaktivisten.

Ja, es ist Scheiße, wenn die sich auf die Rettungsgassen kleben oder auf das Flugfeld des BER, aber es ist mir in letzterem Falle lieber, die kleben sich dahin, als dass ein paar "russische Patrioten" oder anderweitig geistig Verwirrte, dort leise vor sich hin tickende Päckchen hinkleben, die den nächsten sie berührenden Flieger mit riesigem Feuerwerk wahrlich in Luft gehen lassen.

Mit der letzten Generation stellt man die falschen an den Pranger!

Wir wollen die Überbringer der Hiobsbotschaft lynchen, anstatt die Verursacher, denn die Verursacher sind wir selbst.

Wir sind es, die lieber billig im Inland fliegen, anstatt uns in die Bahn zu setzen.

Wir sind es, die SUV's bauen und kaufen, die mehr PS haben, mehr verbrauchen, größer sind, als manch Doppeldecker der BVG.

Wir sind es, die zugelassen haben, dass im Innenstadtring nur noch an drei Stellen Güter der Bahn abgefertigt werden können.

Wir sind es, die sich das fertige Essen nach hause liefern lassen, weil wir mittlerweile zu doof oder zu faul geworden sind, selbst zu kochen.

Wir sind es, die zulassen, dass die Bahn weitere Strecken still legt, dass es noch immer keine Kerosinsteuer gibt, dass immer alles ständig verfügbar sein muss, dass wir nach Luxus gieren, wissend, dass dadurch weiterer Regenwald abgeholzt wird und noch mehr Arten sterben. Das sind nicht die Klimaaktivisten der letzten Generation.

Wenn das Methan am Meeresboden und im Permafrost freigesetzt wird, ist das intelligenteste Leben in hundertfuffzig Jahren Bakterien, Einzeller und Viren. Und denen sind dann unsere Kunstwerke oder ob ich und du den nächsten Herzinfarkt überlebt haben, wirklich egal, weil wir dann nämlich einen Treibhauseffekt wir auf der Venus haben.

*

... aus OKbeat am 29.12. + Pommes rot weiß am 31.12.2022

Die Geschichte des Silvesterfeuerwerks geht auf die Rauhnächte vom 25.12. - 6.1. bzw. auf den Beginn der Tage nach der Wintersonnenwende zurück.

In diesen Rauhnächten sollen die Geister unserer Vorfahren durch den Äther schwirren und die wollte man mit dem Lärm, damals Knarren, Klappern und Rasseln, verscheuchen.

Will ich wirklich die Geister meiner Vorfahren verscheuchen?

"Aber wir haben doch schon immer an Silvester Feuerwerk gemacht!"

"Schon immer? Also meine Vorfahren haben über Jahrzehntausende hinweg im Winter Mammutfleisch gegessen. Dann lass uns heute gemeinsam auf Mammutjagd gehen!"

"Aber Mammuts sind doch ausgestorben!"

"Siehste! Und wir sterben aus, wenn wir weiterhin am Feuerwerk festhalten."

Bei diesem Wetter im Winter ist es immer gut, wenn man jemanden zum kuscheln hat, eine heiße Braut, einen heißen Kerl, einen warmen Bruder. eine lauwarme Schwester oder einen Hot-Dog.

Heißt es nach der Verstaatlichung von Uniper nun "Volkseigener Betrieb, Kombinat für Gase aller möglichen Art, Uniper"?

Makaber ist, wenn dich dein Augenarzt begrüßt mit den Worten: "Wir haben uns aber lange nicht gesehen!"

Lieber warm duschen, als heißlaufen.

Wie einsam und innerlich leer müssen doch die Menschen sein, die täglich haarklein ihr gesamtes Leben bei Facebook oder Instagram posten. Und wie leer muss das Leben derer sein, die sich das auch noch regelmäßig anschauen!

Die Bahn ist unpünktlich, die Bahn ist unpünktlich! Testet mal eine Zeit lang eure Ankunftszeit, wenn ihr jeden Tag zur selben Minute in oder auf euer Kfz steigt und immer denselben Weg zum selben Ziel nehmt. Zu alex-berlin brauche ich zum Beispiel zwischen zwanzig und 45 min!

Von mir sind bisher erschienen:

Georges Hungerlundts Zeitreisen - eine Hexalogie - Band 1 - Teil 1 verpasste Gelegenheiten - Teil 2 George Hungerlundts erste Zeitreisen (Atlantis)

„Frische Schnecken – eine neue Sammlung jüngerer Texte", halb Kochbuch, Haushaltstipps, Radioskripte, Kurzgeschichten und Gedichte.

"Handmade – eigene Handschriften und Zeichnungen" ... nur was für die Fans!

"Radio-Anthologie – OKbeat zum Mitnehmen" – das Beste aus den Sendemanuskripten von 1975 bis September 2020

"Still gestanden! Die Augen links! - mein geheimes NVA-Tagebuch" - autobiografisch – in ein kleines A6-Heftlein hab ich während meines Grundwehrdienstes in der NVA 1985/86 Kurznotizen geschrieben

"Sommer – zwischen Backhaus und See – Kindheitserinnerungen" - autobiografisch

"Kaufhallengeschichten – Hundegeschichten – Radiogeschichten" – autobiografisch

"Zwanzig Fässer Sauerkraut – Teil 1 – Aufbruch in Berlin 1750" und *„Zwanzig Fässer Sauerkraut – Teil 2*

– zwischen den Fronten, zwischen den Indianern" - in dieser Trilogie (der 3. Band ist in Arbeit) geht es um einen Krämerlehrling aus Berlin, den es nach Nordamerika verschlägt.

„Die weiße Hand im schwarzen Käse - From the Stage" Kurztexte und Gedichte von A – Z - Band 1 - die ersten 100 Texte von A – M"

"Piep-Piep-Piep – From the Stage" Kurztexte und Gedichte A – Z – Band 2 – Texte von N – Z und noch mehr"

Infos und immer Aktuelles auf meiner Webseite: www.rolfgaensrich.wordpress.com